巴里坤整态化县域治理实践

BALIKUN
ZHENGTAIHUA XIANYU
ZHILI SHIJIAN

彭凯平　陈涛 ◎ 著

中国出版集团
研究出版社

图书在版编目（CIP）数据

巴里坤 ：整态化县域治理实践 / 国务院扶贫办组织编写
. -- 北京：研究出版社，2021.1
ISBN 978-7-5199-0817-1

Ⅰ. ①巴… Ⅱ. ①国… Ⅲ. ①扶贫－研究－巴里坤哈萨克自治县 Ⅳ. ① F127.454

中国版本图书馆 CIP 数据核字（2020）第 012843 号

巴里坤：整态化县域治理实践

BALIKUN: ZHENGTAIHUAXIANYUZHILISHIJIAN

国务院扶贫办　组织编写

责任编辑：张　璐

研究出版社 出版发行

（10011　北京市朝阳区安华里 504 号 A 座）

河北赛文印刷有限公司　新华书店经销

2021 年 6 月第 1 版　2021 年 6 月北京第 1 次印刷
开本：710 毫米 ×1000 毫米　1/16　印张：14.75
字数：188 千字

ISBN 978-7-5199-0817-1　定价：32.00 元

邮购地址 100011　北京市朝阳区安华里 504 号 A 座
电话（010）64217619　64217612（发行中心）

“新时代中国县域脱贫攻坚研究丛书”编审指导委员会

《巴里坤：整态化县域治理实践》编写组

主　　编： 彭凯平

执行主编：陈　涛

编 委 会：丁妩瑶　樊书颖　高　杨　麦力开·色力木
吴卫国　向　洁　张　沛　周凌霄

目 录

一、巴里坤县概况及致贫原因

古城（县城）南边岳公台，山下古塔埋古仙。
东西黑沟遥相望，岩画奇花连成片。
宝塔峻立冰沟口，黑沟藏春气非凡。
眺望北边蒲类海，天象群山一镜涵。

巴里坤，历史悠久，风光秀丽，古称蒲类国，是古丝绸之路北新道进入新疆的要道。巴里坤哈萨克自治县境介于东经91°19′30″～94°48′30″，北纬43°21′～45°5′19″之间，地处新疆东北部，东邻伊吾县，南接伊州区，西连木垒哈萨克自治县，北接蒙古人民共和国，东西长276.4千米，南北宽180.6千米，总面积3.84万平方千米。

县境地势由东南向西北倾斜，并有三座大山平行横亘其间：南有天山北坡的巴里坤山，当地称为南山；北有中蒙边界的准噶尔断块山系，当地称为北塔山；中有被称为莫钦乌拉山，当地称为北山的天山支脉。三山之间，北有三塘湖盆地，南有巴里坤盆地——“三山夹两盆”，可谓新疆地貌之缩影。全县有可耕地50.4万亩（基本农田36.6万亩），每年实播30万亩左右；有天然草场2866万亩，可利用草场1998万亩，牲畜最高饲养量 96 万头（只）；有湿地 134 万亩；林地 122.7 万亩，森林覆盖率为 1.45%。

巴里坤县属温带大陆性冷凉干旱气候区，平均海拔 1650 米，年均气温 1 度，极端最高气温 35 度，极端最低气温零下 43.6 度。无霜期 98 天到 104 天。整体气温偏低，没有气象学定义的夏季，一年划分为 5 月至 9 月的暖季和 10 月至来年 4 月的寒季。即使暖季，在农耕人口集居的平原地带日气温达到 30 度以上的天数也寥寥无几。无霜期极短，随着气候变暖，现在也仅有 100 天左右，而在五六十年前的农耕时代，只有 90 天左右，而古代就更为低下。因为地处内陆腹地，远离水汽发源地，峰面降水有限。县境南缘的东天山雪峰、冰川和其中部的莫钦乌拉山积雪，以其深厚的水源，滋养出了大片山地草原，可作暖季牧场；而莫钦乌拉山北坡与荒漠之间的半干旱草原是良好的寒季牧场。于是，自古以来县域境内就是理想的游牧富地。因此，先秦至清初，这里的主体居民就是游牧民族，先有塞种，继有月氏、匈奴、土厥，后有蒙古。两千多年以来，民族身份交替，游牧的生产结构和生活方式却是一如既往。历史上，各民族之间还产生过一些隔阂，这在很大程度上影响了当地人的生产生活。

新中国成立后，巴里坤县政自治始于 1954 年 9 月 30 日，是全国三个哈萨克自治县之一；是国家扶贫开发工作重点县，2006 年被定为五类地区。县域户籍人口 10.5 万人，由汉族、哈萨克族、维吾尔族、蒙古族等十三个民族构成，其中哈萨克族占比为 35.8%，其他少数民族占比为 2.2%。县辖 15 个乡镇场区、46 个行政村、12 个自然村、7 个社区。

因为地理位置特殊，自汉代到近代，巴里坤一直起到交通要道、军事重镇和中华文明传输前站的作用。这个时期的巴里坤相对比较富裕，当时包括牛、马、骆驼、羊在内的牲畜年存栏头数达一百万之多，人均 30 多头只。但随着整个亚欧大陆历史的变迁和当地地缘优势的变化，巴里坤的富庶成为了历史。

巴里坤的生态环境相对也比较脆弱，高原光照充足，蒸发量加大，县域干旱程度高，50% 的地区是荒漠。特别是进入现代以后，由于过度开垦，过度放牧，气候变暖，地形降水几近消失。这加大了当地的干旱程度，反向对农牧业发展造成了更大的困难。另外，巴里坤县自然条件恶劣，高寒且自然灾害频发。在本书调研组亲临巴里坤调研的前一月，巴里坤刚刚受到了大风的影响，给一些大棚种植、养殖项目带来了严重的经济损失。

诸多不利因素制约了巴里坤县的经济发展。县域生产总值、地方财政收入等综合指标全疆排名较低，财政自给不足。同时，巴里坤县贫困村、贫困人口绝大多数外分布在边远山区以及高寒牧区一线。受气候（环境）、地理位置等因素制约，基础设施薄弱，生态环境脆弱，草场退化严重，载畜量较低，畜牧业仍以粗狂放养为主，经济效益低下。农作物仅以一季小麦为主，增收渠道较为单一。受市场价格因素影响，经济发展缓慢；受生产生活方式影响，贫困户思想观念落后，自我发展能力严重不足（见图 2）。

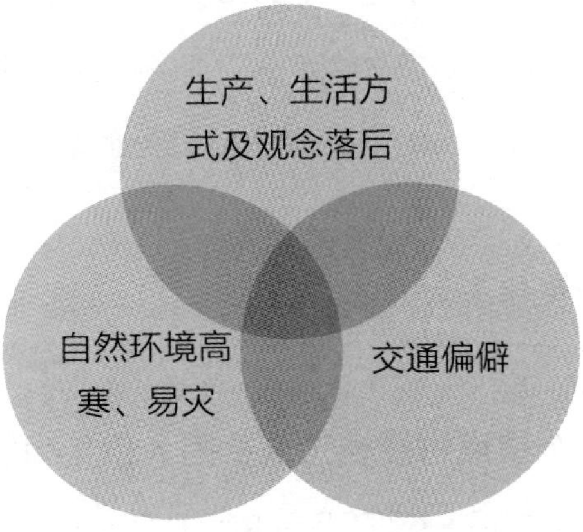

图 2　巴里坤县主要致贫原因

附件：巴里坤县贫困情况说明

（一）2013 年末全县识别建档立卡贫困人口 2198 户 7703 人，占农业总人口的 10.74%。

1. 致贫原因分类。因病致贫 93 户 335 人，占贫困人口的 4.2%、4.3%；因残致贫 56 户 194 人，占贫困人口的 2.5%、2.5%；因学致贫 66 户 224 人，占贫困人口的 3%、2.9%；因灾致贫 3 户 12 人，占贫困人口的 0.1%、0.2%；因缺技术致贫 180 户 658 人，占贫困人口的 8.2%、8.5%；因缺劳力致贫 30 户 91 人，占贫困人口的 1.4%、1.2%；因缺资金致贫 1770 户 6189 人，占贫困人口的 80.5%、80.3%。

2. 年龄结构及就业意愿分类。贫困劳动力为 4000 人（18 ～ 35 岁 2160 人、35 岁以上 1840 人）；有培训及就业意愿的贫困劳动力为 1197 人（18 ～ 35 岁 673 人、35 岁以上 524 人）。

3. 健康状况。贫困人口中长期慢性病患者 170 人、大病患者 29 人、残疾人数量为 142 人。

4. 在校生状况。在校生 2678 人（学前教育 839 人、小学 1069 人、初中 333 人、高中 202 人、中高职及大中专以上 235 人）。

5. 两后生状况。两后生 102 人（初中毕业生 61 人、高中毕业生 41 人）。

全县农村低保人口 6022 户 9180 人，占总人口的 8.7%。

（二）14 个重点村建档立卡贫困人口 1743 户 6139 人，分别占贫困人口 2198 户 7703 人的 79.3%、79.7%。

1. 致贫原因分类。因病致贫 67 户 241 人，占贫困人口的 3.0%、3.1%；

因残致贫32户107人，占贫困人口的1.5%、1.4%；因学致贫52户157人，占贫困人口的2.4%、2.0%；因灾致贫3户16人，占贫困人口的0.1%、0.2%；因缺技术致贫127户421人，占贫困人口的5.8%、5.5%；因缺劳力致贫15户27人，占贫困人口的0.7%、0.4%；因缺资金致贫1447户5170人，占贫困人口的65.8%、67.1%。

2. 年龄结构及就业意愿分类。贫困劳动力3319人（18～35岁1860人、35岁以上1459人）；有培训及就业意愿的贫困劳动力836人（18～35岁543人、35岁以上293人）。

3. 健康状况。贫困人口中长期慢性病患者109人、大病患者21人、残疾人数量为108人。

4. 在校生状况。在校生2067人（学前教育636人、小学791人、初中265人、高中186人、中高职及大中专以上189人）。

5. 两后生状况。两后生68人（初中毕业生41人、高中毕业生27人）。

14个重点村农村低保人口2343户4400人，占总人口的4.2%。

（三）22个非重点村建档立卡贫困人口455户1564人，分别占贫困人口2198户7703人的20.7%、20.3%。

1. 致贫原因分类。因病致贫26户104人，占贫困人口的1.2%、1.4%；因残致贫24户73人，占贫困人口的1.1%、0.9%；因学致贫14户54人，占贫困人口的0.6%、0.7%；因缺技术致贫59户234人，占贫困人口的2.7%、3.0%；因缺劳力致贫15户57人，占贫困人口的0.7%、0.7%；因缺资金致贫317户1042人，占贫困人口总数的14.4%、13.5%。

2. 年龄结构及就业意愿分类。贫困劳动力681人（18～35岁300人、35岁以上381人）；有培训及就业意愿的贫困劳动力

361人（18～35岁130人、35岁以上231人）

3. 健康状况。长期慢性病患者61人、大病患者8人、残疾人数量为34人。

4. 在校生状况。在校生611人（学前教育203人、小学278人、初中68人、高中16人、中高职及大中专以上46人）。

5. 两后生状况。两后生34人（初中毕业生20人、高中毕业生14人）。

非重点村农村低保人口3679户4780人，占总人口的4.6%。

二、巴里坤县扶贫的历程和成绩

巴里坤县2001年被列入国家扶贫开发工作重点县；2006年被确定为国家五类地区；2014年，全县确定新一轮扶贫开发重点村14个。“十二五”以来，巴里坤县各级党政组织和干部群众凝心聚力、众志成城，持续推进扶贫开发工作，累计减贫1.65万人，贫困发生率由2011年的29.4%下降到2015年的9.5%。特别是中央作出精准扶贫精准脱贫的决策部署后，巴里坤县紧紧围绕社会稳定和长治久安的总目标，坚决贯彻落实习近平总书记系列重要讲话精神以及中央、自治区党委、哈密市委脱贫攻坚重大决策部署，坚持精准扶贫、精准脱贫基本方略，聚焦“扶持谁”“谁来扶”“怎么扶”“如何退”等关键性问题，瞄准主战场，打好组合拳，决战决胜脱贫攻坚战。2016年通过精准扶持，全县14个贫困村达到退出标准，2198户7703名建档立卡贫困人口中2119户7426人达到脱贫减贫标准，贫困人口由2014年的2198户7703人下降至79户277人，贫困发生率由10.74%下降至0.39%。2016年度建档立卡减贫贫困人口人均纯收入达到7062元，其中：经营性收入达到2329元，占总收入的33%；工资性收入达到3293元，占总收入的46.6%；转移性收入达到1134元，占总收入的16.1%；分红收入达到306元，占总收入的4.3%。

2017年，巴里坤县脱贫攻坚工作通过了国家第三方评估验收，实现了贫困县摘帽、14个重点贫困村退出，贫困群众人均可支配收入达到4500元以上，全县贫困发生率由2015年的9.5%下降到了2016年的0.39%，教育、医疗卫生、住房、就业、交通等基本公共服务主要领域指标均接近全国平均水平，实现了“两不愁三保障”。

附件：巴里坤县扶贫开发工作历程（1991—2015年）

1991年2月1日，经县委、县人民政府批准成立巴里坤哈萨克自治县扶贫开发领导小组办公室；2011年12月22日，机构改革后，巴里坤哈萨克自治县扶贫开发领导小组办公室由议事协调机构的常设办事机构调整为政府工作部门，成立了巴里坤哈萨克自治县扶贫开发办公室。

2002年巴里坤县被列为国家扶贫开发重点县，包括5个扶贫开发重点乡，25个扶贫开发重点村，登记在册的低收入贫困人口16000人，其中特困人口3850人；2014年，按照自治区扶贫对象建档立卡工作的总体安排，确定巴里坤县新一轮扶贫开发重点村14个，贫困人口2922户7703人，占全县农业人口总数的10.91%。

表 1-1 巴里坤县扶贫开发工作历程（1991—2015 年）

时 期	主要政策	成 效
“八七”扶贫攻坚阶段	《国家八七扶贫攻坚计划》	1994—2000 年，巴里坤县集中人力、物力、财力，动员社会各界力量，累计投入各类扶贫资金 1.14 亿元，累计解决了 3876 户 19304 名贫困人口的温饱问题，累计搬迁定居 1166 户 5591 人
2001—2010 年	《中国农村扶贫开发纲要（2001—2010 年）》	1. 自治县社会经济明显增长，综合实力不断增强；2. 整村推进工作扎实有效；3. 贫困人口持续下降；4. 贫困农牧民人均收入大幅提高；5. 异地搬迁开发工作成效显著
“十二五”扶贫开发规划实施阶段	《巴里坤县农村扶贫开发规划（2011—2015 年）》	1. 县域经济稳步发展，综合实力显著提升；2. 整村推进工作稳步推进，贫困村面貌得到显著改善；3. 贫困人口持续下降，人均收入大幅提高
“十三五”脱贫攻坚阶段	《关于坚决打赢脱贫攻坚战的实施方案》	坚持精准扶贫、精准脱贫基本方略，按照一年集中攻坚、三年巩固提高、同步进入全面小康社会“三步走”的目标要求，聚焦“扶持谁”“谁来扶”“怎么扶”“如何退”等关键性问题，举全县之力、集各方之智，瞄准主战场，打好组合拳，决战决胜脱贫攻坚战，取得了阶段性成果

三、“人民至上”的精准扶贫和整态化扶贫治理体系的构建

在人类文明发展史中，贫困问题一直如影随形。但是，如果将贫困视作人类固有的顽疾，也有失偏颇，例如历史上的巴里坤县曾有过富庶的时期。由此可见，贫困更应该只被视作一种生活、生产的状态——“贫困态”。

“贫困态”下的政治、经济、文化等大环境，以及贫困的主体——人，有着一种特殊的互动状态。在这种状态下，所对应客体和主体的各种特点，即生产、生活、文化、心理状态等因素都有自身特定的表现形式，虽然这些因素基本的特点表现为稀缺，但是各因素相互之间的关系是相对匹配稳定的。正是这种匹配和稳定使得打破这种状态需要一种整体的和系统的观念，否则可能会成效难继。例如在很多革命老区有着深厚的精神文化资源，但是环境的限制使得脱贫工作举步维艰。反之，如果“万事俱备”，欠了主体的心理和思想的“东风”，就使脱贫陷于内生动力不足的问题中。

由此可见，“贫”只是这种环境中所包含的各种资源相对稀缺的写照，如果没有特定风险因素，各种资源是可以相对协调的。而“困”才是这种状态下最致命的问题，困是脆弱，困是不堪风险，困是没有活力和发展能力不足，困还是不幸福。从社会经济宏观、中观、微观三个维度分析，在这种贫困的环境中，宏观层面缺少对贫困地区经济发展的合理有效，特别是精确的指引；中观层面的社会各个行业和组织也没有纳入高效的社会协作，而微观层面的个人发展也受限，容易掉入“贫困陷阱”的恶性循环中。

2013 年 11 月，习近平总书记在湖南湘西考察时首次作出了“实事求是、因地制宜、分类指导、精准扶贫”的重要指示。这可以被视为人类对贫困治理认识论上的一次思想飞跃，“六个精准”“五个一批”、解决“四个问题”从三个维度提供了方法论的指导，使中国在 2020 年率先创造了人类历史上摆脱绝对贫困的历史。精准扶贫即是对贫与困问题治理最高度概括的剖析，充分挖掘应对各个层面问题的举措，用绣花功夫一一落实，构建各因素联动的扶贫大格局。

同时，这也是从宏观、中观、微观上对中国发展，特别是贫困地区发展的一次精确问诊。在精准扶贫思想的指导下，对于贫困开出的“药方”是整体的和系统的，既扶贫又治困，即从宏观上理顺发展的路径，又从中观和微观上注入发展活力；既丰富相对稀缺的资源，又打破原有的无活力无发展的状态，最终达到社会发展，人民幸福。在这个过程中，充分有效地进行社会资源再整合、再组织，从前与现有的各级扶贫政策措施高效配合，即成为了一种由政府主导、群众主体、社会参与的扶贫运行机制。这种机制体现的是在精准扶贫格局下，宏观、中观、微观三个维度的有机互动，即“整态化”的扶贫运行机制。

“整态化”下的扶贫是一种从社会治理角度出发的应对贫困的策略，兼顾宏观、中观、微观三个维度，即对于稀缺状态的“贫”有所帮扶，又对内生动力不足的“困”高效应对，并且还对贫、困两者之间的结合点进行治理干预，从而达到“整态化”脱贫的目标，即社会经济高效良性发展，各个社会组织及个体活力十足。

“整态化”下的扶贫是“人民至上”的体现。中国共产党党章中明确写明坚持全心全意为人民服务的根本宗旨和发展为了人民、发展依靠人民、发展成果由人民共享的执政要求。扶贫的成果就是这些执政要求的最现实的体现，体现为通过精准扶贫而得到改变的一张张幸福的面孔。精准扶贫带来的是另一种社会基础设施的建设，即干群之间的关系以及人与自然间的关系。这些都是未来乡村振兴的基础。

巴里坤县的主要致贫原因在于其地处偏僻，交通不便，高寒易灾的地区，也是由于身处这样的生活环境下，当地群众的生产、生活方式及观念相对落后。改变这一切“贫困态”问题的关键在于观念更新、劳动力素质的提高和经济发展。县域的生产力发展水平决定了需要以脱贫攻坚统揽经济发展全局，经济发展是带动贫困县脱贫摘帽奔小康的正确办法和有效出路，是解决贫困地区“贫困态”这个主要矛盾的关键措施。

在巴里坤县脱贫攻坚的具体实践过程中，巴里坤县委、县政府及当地干部群众在认真学习精准扶贫理论思想的基础上，根据县域特点鼓干劲，抓落实，保证思想“总动员”“扶真贫”“真扶贫”，成效“真脱贫”“稳脱贫”行动。通过脱贫攻坚统领经济发展全局，真抓实干解决“四个问题”，党建促脱贫，民族团结促脱贫等多种且系统的方法，构建了一个经纬纵横的“整态化”的贫困治理体系。

通过“整态化”的扶贫，巴里坤县打牢了现代化产业基础，并且通过特色旅游业大大增加了人民收入，通过教育和医疗的投入，保障了贫困群众的利益。在文化建设上，充分激发干部群众的内生动力，特别是结合边疆特色，团结全县各族干部群众，构建和谐健康的发展环境。巴里坤县形成了一个微观层面各族群众团结互助，人民群众物质文化生活不断提升，中观层面现代化产业及益贫增收产业相互补充，宏观层面精准扶贫政策和民族发展政策，即微观、中观、宏观有机结合，“整态化”的既扶贫又治困的健康发展的扶贫格局。

精准扶贫所带来的结果必然是“整态化”。“整态化”扶贫下的巴里坤，就像一个生机勃勃的生态环境，呈现了一种社会经济发展带动的经济和精神双发展，人民安居乐业、幸福感提升，欣欣向荣的状态。巴里坤县脱贫攻坚的经验从实践上丰富了习近平总书记精准扶贫的理论体系，也在脱贫攻坚的过程中，对有效的社会治理，特别是边疆治理进行了有益探索。

第一章　精准扶贫体系在巴里坤的扎根和创新

发展是甩掉贫困帽子的总办法，贫困地区要从实际出发，因地制宜，把种什么、养什么、从哪里增收想明白，帮助乡亲们寻找脱贫致富的好路子，要办好农村义务教育，让农村下一代掌握更多知识和技能。抓扶贫开发，既要整体联动、有共性的要求和措施，又要突出重点、加强对特困村和特困户的帮扶。脱贫致富贵在立志，只要有志气、有信心，就没有迈不过去的坎。

——习近平《在湖南湘西州花垣县排碧乡十八洞村考察时的重要讲话》(2013)

精准扶贫是建立“整态化”扶贫格局的政治保障，是一切的重中之重。精准扶贫思想是对贫困态的科学剖析，既扶贫又治困。在“十二五”精准扶贫工作开展以来，巴里坤县坚持以脱贫攻坚统揽经济发展全局，增进民生福祉，拓出了一条独具特色道路。

一、以脱贫攻坚统揽经济社会发展全局

脱贫攻坚任务重的地区党委和政府要把脱贫攻坚作为“十三五”期间头等大事和第一民生工程来抓，坚持以脱贫攻坚统揽经济社会发展全局。

——习近平《在中央扶贫开发工作会议上的讲话》(2015 年 11 月 27—28 日)

巴里坤县委、县政府及当地的干部群众以一种高度自觉的状态，积极主动地根据当地实际，因地适宜，探索出了一条符合实际的、“有理论指导，有行动规划，有成效保障”的极具操作性的脱贫路子。

脱贫攻坚是一项“内外兼修”的工程，“内外兼修”的核心是发展，找到发展的出路，坚定发展的信心，一切问题解决的关键都在于发展，发展才是硬道理，发展才是增进人民福祉的根本保障。

（一）脱贫有指导，凝心聚力

巴里坤县委、县人民政府深入贯彻习近平总书记关于扶贫开发系列重要讲话精神，把扶贫开发摆在自治县经济社会发展的突出位置，深刻认识新时期扶贫开发的重要性和紧迫性，始终坚持高位组织推动、强化资源整合，加大扶贫投入，创新扶贫机制。全面落实党的十八届五中全会和中央、自治区党委扶贫开发工作会议、地委脱贫攻坚动员会议精神，围绕“四个全面”的战略布局，坚持创新、协调、绿色、开放、共享的发展理念，坚持理念引领、问题引领、实践引领，聚焦社会稳定和长治久安的总目标，充分发挥政治优势和制度优势，实施“生态立县、工业富县、农牧优县、文化强县、科教兴县、惠民富民”的县域发展战略，注重打基础、利长远，注重调结构、转方式，注重高质量、增效益。注重抓项目、促发展，注重稳增收、惠民生，注重强基层、保稳定，保持了县域经济持续健康发展、社会和谐稳定、人民安居乐业、各民族团结奋进的良好局面，保持了县域生产总值的持续增长和提高。

巴里坤县委、县人民政府和各级党政组织采取召开不同层面的专题会议等方式，深入学习贯彻习近平总书记关于扶贫开发工作系列重要论述、中央扶贫开发工作会议、自治区党委扶贫开发工作会议以及市委扶贫工作暨脱贫攻坚动员会议等精神，深刻领会精准扶贫精准脱贫内涵，准确把握新时期扶贫开发的政策措施，把思想和行动统一到中央、自治区党委和哈密市委的决策部署上来，坚定不移地把脱贫攻坚作为最大的政治责任、最大的民生工程、最大的发展机遇，提出并坚持领导精力集中到脱贫攻坚上、财力支出使用到脱贫攻坚上、项目布局倾斜在脱贫攻坚上、基础设施优先在脱贫攻坚上、工作作风展现在脱贫攻坚上、排忧解难倾注到脱贫攻坚上、创新举措聚力在脱贫攻坚上、力量组织集合到脱贫攻坚上、用人导向体现在脱贫攻坚上、工作成效反映在脱贫攻坚上“十大基本要求”，发挥政治优势和制度优势，统一思想和认识，调动各方面资源和力量集中攻坚，确保脱贫攻坚质量和水平。

根据县域发展情况，瞄准主战场，打好组合拳，制定了脱贫攻坚的六项基本原则。

坚持党的领导和政府主导相结合。充分发挥各级党委的领导核心作用，实行脱贫攻坚县、乡、村三级书记一起抓，夯实组织基础，把贫困乡村党组织建成带领群众脱贫致富的坚强战斗堡垒；强化各级政府责任，深化专项扶贫、行业扶贫、社会扶贫、援疆扶贫“四位一体”的扶贫机制，形成政府主导、行业实施、社会参与、合力攻坚的局面。

坚持群众主体与社会帮扶相结合。坚持“扶贫先扶志、治贫先治愚”，注重教育培训，激发贫困群众自力更生、艰苦奋斗、勤劳致富的信心和决心，增强自我发展能力。动员和汇集各方力量广泛参与脱贫攻坚工作，凝心聚力、群策群力，形成扶贫开发工作合力。

坚持产业发展与促农增收相结合。培育发展具有地方特色的种植养殖业、农产品加工业、特色旅游业、民族特色手工业、交通运输业和劳动密集型“短平快”增收产业，扶持农业产业化龙头企业和农民专业合作社的发展，有效拓宽贫困农牧民增收渠道，形成以产业带发展促就业保增收的长效机制。

坚持改善民生与夯实基础相结合。深入推进“民生建设年”活动，集中力量改善贫困乡村住房、水利、交通、电力、信息和社会公共服务等基础设施条件，夯实贫困乡村持续发展的基础。

坚持保护生态与绿色发展相结合。把生态保护放在优先位置，坚持资源开发可持续、生态环境可持续，积极探索生态脱贫新路子，让贫困人口从生态建设和绿色发展中得到更多实惠。

坚持创新机制与精准扶贫相结合。创新完善脱贫攻坚工作机制，由“大水漫灌”向“精准滴灌”转变、多头分散向统筹集中转变、偏重“输血”向注重“造血”转变，提高精准脱贫成效，让贫困人口有更多获得感。

（二）行动有规划，层层动员

巴里坤县委、县政府及时召开县乡两级扶贫工作暨脱贫攻坚动员大会，层层动员部署，逐级签订责任书，立下“军令状”，在全县各级党政组织、广大党员、各族干部群众和社会各界中持续全面开展宣传动员，做足打攻坚战、啃“硬骨头”的思想准备，坚定了“挖穷根”“脱穷帽”的信心和决心。特别是在脱贫攻坚的关键时期，自治区党委于 2016 年 9 月 15 日召开党委常委（扩大）会议，对脱贫攻坚工作进行再动员再部署。巴里坤县迅速学习贯彻会议精神，并按照会议提出的“提高认识、明确目标、精准发力、强化措施、突出重点、体现特点、用好政策、强化责任”八项工作要求，增强推进脱贫攻坚的责任感、紧迫感和自觉性，在原有工作的基础上不断创新脱贫攻坚思路和办法，坚持导向不变、重点不移、靶向不偏，着力抓好政策措施的落实，加快补齐突出短板，全力打好脱贫攻坚战。

县、乡两级党政主要领导认真履行主体责任，班子成员齐抓共管，各级领导干部各负其责，在脱贫攻坚中发挥表率作用，做到亲力亲为，亲自了解情况、亲自研究问题、亲自推动工作、亲自督促落实，分别针对贫困群众、贫困村、贫困县做出战略部署。

贫困群众脱贫路径。把实施“五个一批”工程作为实现贫困人口脱贫的基本路径，依托扶贫开发信息系统“大数据”，精准确定各类贫困人口，使建档立卡贫困人口中的5200人通过发展生产脱贫，1113人通过转移就业脱贫，450人通过环卫和生态管护实现脱贫（350名乡村环卫工人、100名生态管护员）、94人通过教育扶持脱贫、796人通过医疗救助和社会保障政策兜底脱贫。

贫困村退出路径。坚持县级主导、乡镇组织，编制和实施贫困村精准脱贫工作方案，明确具体目标任务，以“经济强村、产业富村、科技兴村、文明建村、依法治村”为基本思路，汇聚各项政策资源，深入推动各项公共服务向贫困村倾斜，加大贫困村基础设施建设，培育发展增加农牧民收入的优势特色产业，提高基本公共服务水平，加强以领导班子为核心的村级组织建设和“5+2”村级阵地建设，建立和完善贫困村可持续发展的长效机制，确保了2016年全县14个贫困村如期退出。

贫困县摘帽路径。把实施整县脱贫攻坚规划作为贫困县摘帽的支撑平台，通过“十大专项行动”等措施整装集成各类资源，加快推进自治县水利、交通、能源、信息等基础设施建设，加快发展现代农牧业、新型工业化、新型城镇化、现代服务业、特色旅游业、特色民族文化产业，协调发展城乡经济，加快推进基本公共服务均衡化，增强县域经济持续发展后劲和综合实力。

（三）成效有保障，明白实在

通过“十大专项行动”和“八项工作机制”（自治县脱贫攻坚纵向联动工作机制；自治县脱贫攻坚横向联动工作机制；自治县脱贫攻坚贫困

学生帮扶工作方案；自治县脱贫攻坚贫困户大病医疗救助工作方案；自治县脱贫攻坚扶贫宣传工作机制；巴里坤县脱贫攻坚信息和宣传报道奖励办法；自治县脱贫攻坚督查考核问责机制，自治县脱贫攻坚跟踪审计机制）来保证稳定脱贫和全面脱贫。“脱贫只是起点、小康才是奋斗目标和方向。”巴里坤县各级党政、各部门（单位）和广大党员干部群众充分认识到脱贫攻坚巩固提升工作是当前面临的最艰巨、最繁重的工作，牢牢聚焦全面建成小康社会，坚决克服过关松懈思想和差不多了、该松口气、歇歇脚的想法，始终做到不松劲、不松懈、不懈怠，突出问题导向、强化责任担当，着力建立稳定脱贫长效机制，全面巩固提升脱贫攻坚成果，坚决打赢这场攻坚战、持久战，为同步全面建成小康社会奠定坚实基础。全县按照一年稳固、二年提升、三年同步进入全面小康“三步走”的目标，到 2018 年脱贫基础更加稳固，稳定实现贫困人口“两不愁三保障”（不愁吃、不愁穿，保障义务教育、保障基本医疗、保障住房安全）的目标，脱贫群众年人均收入增长保持在 16% 以上，贫困发生率稳定控制在 1% 以内，脱贫人口返贫率稳定控制在 1% 以内；到 2019 年脱贫基础全面提升，群众生活水平全面提升，社会保障全面提升，扶贫产业更加牢固，贫困发生率和返贫率实现动态清零，人均可支配收入增长幅度高于全县平均水平，基本公共服务主要指标接近全国平均水平；到 2020 年，确保全县各族群众同步进入全面小康社会。

为了确保脱贫效果明白，脱贫成效实实在在落在人民身上。巴里坤县注重在加强基层党建促脱贫上下功夫，坚持把“访惠聚”驻村工作、开展“民族团结一家亲”、美丽乡村建设与脱贫攻坚紧密结合，增强基层党组织的凝聚力和向心力，发展壮大村级集体经济，努力把基层党组织建设成为带领群众脱贫致富的坚强战斗堡垒；注重在完善扶贫政策措施、建立持续稳定增收长效机制上下功夫，完善了脱贫攻坚巩固提升各项工作机制，制定了多项工作方案、管理制度及管理办法、实施细则等。更加注重发挥群众的主体作用，持续深入开展“精神脱贫”系列活动，引导农牧民群众自主创业、自我激励、自我发展，增强持续发展、稳定增收的“造血”功能。创新宣传教育形式，选树先进典型、推广成功经验，引导农牧民群众互学互促，营造勇于争先、勤劳致富的良好氛围，打牢、夯实稳定脱贫的思想基础，让人民群众有更多的幸福感、获得感和安全感。

二、真抓实干解决好“四个问题”

扶贫工作务实、脱贫过程扎实、脱贫结果真实。

——习近平参加十三届全国人大二次会议甘肃代表团的审议（2019 年 3 月 7 日）

推进扶贫开发、推动经济社会发展，首先要有一个好思路、好路子。要坚持从实际出发，因地制宜，理清思路、完善规划、找准突破口。……要做到宜农则农、宜林则林、宜牧则牧、宜开发生态旅游则搞生态旅游，真正把自身比较优势发挥好，使贫困地区发展扎实建立在自身有利条件的基础之上。

——习近平《在河北省阜平县考察扶贫开发工作时的讲话》（2012 年 12 月 29 日、30 日）

中国的贫困问题带有自身的特色，因此决定了这个好思路、好路子是要符合中国国情的。精准扶贫理论体系就是基于对我国现有国情深刻分析的基础上，提出的扶贫治困的“良药”。“精准扶贫，就是要对扶贫对象实行精细化管理，对扶贫资源实行精确化配置，对扶贫对象实行精准化扶持，确保扶贫资源真正用在扶贫对象身上、真正用在贫困地区。”[①]

（一）扶持谁——多措共举提升识别精准度

要打牢精准扶贫基础，通过建档立卡，摸清贫困人口底数，做实做细，实现动态调整。要提高扶贫措施有效性，核心是因地制宜、因人因户因村施策……

——习近平《在十八届中央政治局第三十九次集体学习时的讲话》（2017年2月21日）

脱贫攻坚最基本的要求是真实可靠，最基础的工作是精准识别，最关键的工作是精准施策，巴里坤县坚持把数据真实可靠作为目标，把精准识别作为基础，将因贫精准施策贯穿全过程，全面摸清摸准贫困人口底数，确保扶贫对象精准，施策精准。

1. 注重规范程序，精准建档立卡

2014年以来，巴里坤县按照新一轮贫困人口建档立卡工作要求，建立贫困人口收入、消费、资产、健康、教育等贫困指标评估体系。采取宣传发动、农户申请、入户调查、评议公示、听取意见、深度核查、评议汇总“七步工作法”，严格标准、规范操作、把好关口，推进精准脱贫“一户一册一卡”工作，确保贫困人口识别做到公开、公平、公正。

2. 注重甄别核查，从严落实对象

成立专项工作组，制定工作方案。按照“谁调查、谁负责、谁上报、谁签字、谁担责”的原则，运用自治区扶贫数据大平台，认真组织开展精

---

① 《在参加十二届全国人大二次会议贵州代表团审议时的讲话》（2014年3月7日）

图3　巴里坤县贫困建档立卡贫困户档案馆一角

准识别“回头看”工作，对全县贫困人口进行反复甄别核查。全县建档立卡贫困户总规模为2198户7703人，14个贫困重点村（打柴沟村、韩家庄子村、牧业村、头道河子村、黄土场村、阿依纳布拉克村、大红柳峡村、苏吉东村、苏吉西村、阿格喜沃巴村、卡子湖村、海子沿村、尖山子村、下涝坝村）贫困人口为1743户6139人，22个非重点村建档立卡贫困人口为455户1564人。2014年脱贫1118户3826人；2015年脱贫311户1148人；2016年脱贫690户2452人；2017年脱贫79户277人；2017年建档立卡贫困人口数据再复核后，最终确定建档立卡脱贫户2188户7935人，其中符合巩固提升脱贫户的为1932户7021人，确保识别不漏一户一人，避免贫困户“被退出”，防止富裕户“戴穷帽”，真正做到了贫困人口精准识别。

3. 注重分类保障，落实因贫施策

在全面摸清摸准贫困村基本现状和建档立卡贫困人口规模、分布以及居住条件、就业渠道、收入来源、致贫原因等基本情况的基础上，认真分析查明致贫根源，瞄准脱贫需求，坚持因村、因户、因人施策，根据不同类型村、户的具体情况，有针对性地建立起了一村（户）一个台账、一村（户）一个脱贫规划（计划）、一村（户）一套帮扶措施，并由各乡镇、贫困村绘制脱贫工作流程图，挂图作业、按图销号。

（二）谁来扶——“四主四包”形成扶持合力

坚定不移地把脱贫攻坚作为重大的政治任务和最大的民生工程，创新建立“四主四包”工作机制，压实责任、真抓实干，形成全社会齐抓共管的脱贫攻坚合力。

1. 坚持党政同责主抓

完善组织领导体系。明确党委政府的主体责任，实行党政一把手“双组长”负责制、分管领导“一岗双责”制，县乡两级均成立脱贫攻坚工作领导小组及办公室。充分发挥县委“一线指挥部”的作用，发挥乡（镇）党委主体的作用和村级党组织的战斗堡垒作用。坚持县、乡（镇）、村（社区）三级协同联动，做到县、乡、村三级书记一起抓。实行脱贫攻坚帮扶干部、“访惠聚”住村工作队、村两委班子“三位一体”工作机制和定期考核制度，研究推进脱贫攻坚巩固提升工作。层层细化、压实工作责任，着力构建协调有序、高效运转、联动有力、确保落实的保障机制。

精心谋划部署。始终把“精、准、严、实、细”的工作要求贯穿脱贫攻坚全过程，根据巴里坤县实际，制定了《关于打赢脱贫攻坚战的实施方案》和特色产业带动、转移就业、生态补偿、教育扶贫、社会保障、民生改善、突破瓶颈制约、边境扶贫、文化引领、金融扶贫“十大专项行动”方案，建立了精准扶贫、组织保障、纵向联动、横向协同、队伍保障、社会动员、扶贫宣传、考核督查问责、跟踪审计“九项工作机制”，并层层细化完善、压实责任，确保各项工作精准到村、到户、到人、到项目、到资金。

强化督促落实。实行“周例会、月推进会、季问责问效、年度考评”制度，定期召开常委会、四套班子联席会议、脱贫攻坚领导小组会议及各类专题会议研究脱贫攻坚工作。先后开展了 11 轮专项督查，召开了 10 次现场推进会。组织各乡镇每月开展一次自查自验，在全县范围内开展 3 轮自评自验，及时发现问题、查遗补漏。并建立扶贫导向的考核机制，将脱贫攻坚成效作为评先选优、绩效考核、选拔任用干部的重要依据。严格成果考核和运用，确保脱贫攻坚质量和成效。

建立贫困退出机制。按照“民主评议、核实认可、公示核查、群众参与、全程透明”的贫困退出程序和要求，实行严格的脱贫工作绩效查验、评估和考核，有序退出贫困人口，确保脱贫质量和贫困村、贫困人口退出符合客观实际，经得起考验。

2. 坚持干部同力主帮

建立县领导包乡、乡领导包村、部门领导包户、党员干部包人的“四包”责任机制，推进脱贫攻坚与基层党建、“访惠聚”“民族团结一家亲”、党员干部联乡包村（社区）入户等工作的深度融合。制定了《脱贫群众联系帮扶管理办法》，建立了脱贫攻坚帮扶干部、“访惠聚”驻村工作队、村“两委”班子“三位一体”工作机制。市、县、乡三级党员干部包联贫困村、结对帮扶贫困户，构建每个贫困村至少有 1 名市级领导干部、1 名县级领导干部定点联系、1 个市（县）直部门单位结对帮扶、1 名第一书记驻村领导、1 个“访惠聚”工作队驻村和每户贫困户至少有 1 名县直部门或乡镇机关干部结对帮扶的脱贫攻坚“5+1”包联工作体系。做到“帮困不漏户、户户见干部、群众不脱贫、干部不脱钩”，实现了贫困村和贫困户包联帮扶全覆盖。从市县两级选派厅级领导干部、处级领导干部担任扶贫重点村第一书记。通过人力、物力、财力的支持和联村帮户帮扶机制的完善，为扎实推动自治县脱贫攻坚巩固提升工作奠定了良好的基础。

3. 坚持社会同管主扶

牢固树立精准扶贫的理念，搭建社会扶贫信息平台，全面公布贫困村和贫困户的需求信息和社会各界的扶贫资源、帮扶意愿。协调对口帮扶中央单位 1 个、自治区单位 8 个和市县帮扶部门（单位）159 个（哈密市 43 个、巴里坤县 116 个），动员县域 102 家各类企业、54 家专业合作社，积极主动认领帮扶脱贫项目。制定印发了《关于加强部门帮村干部包户工作的通知》《关于对各乡镇脱贫攻坚巩固提升社会帮扶项目认领的通知》《自治县脱贫攻坚工作成效督导考核办法》等文件，为扎实推动自治县脱贫攻坚巩固提升工作奠定了良好的基础。脱贫攻坚工作开展以来，每年由县脱贫攻坚领导小组梳理帮扶项目，将项目分配至各乡镇场区，由各单位、企业进行认领。深化援疆扶贫和兵地、企地融合共建工作，对接落实援疆项目资金1.18亿元和兵团十三师、吐哈油田帮扶资金710万元，实现了社会帮扶资源和精准扶贫的有效衔接，集中实施基础设施建设、民生改善等扶贫项目，为脱贫攻坚增添了动力。

4. 坚持群众同心主推

开展"精神脱贫"系列活动。牢固树立"扶贫先扶志、治穷先治愚"的理念，注重发挥脱贫群众的主体作用。通过开设专题专栏和文化墙、微电影、小品大赛、文艺会演以及新闻媒体采编组稿等多种形式，持续深入地开展"脱贫攻坚·我在行动""我脱贫、我光荣"等"精神脱贫"系列活动。选树先进典型、推广成功经验，引导贫困群众互学互促，坚定自力更生、自我发展、主动脱贫的信心，用自身的努力摆脱贫困、实现富裕。

强化思想脱贫宣传教育。积极创新宣传教育形式，结合"访惠聚"驻村工作、"民族团结一家亲""两个全覆盖"，重点围绕思想观念转变、就业创业能力和个人素养提升，有针对性地开展形式多样的宣传教育活动，引导脱贫群众积极主动地参与技能培训、生产实践和各类社会活动。着力提高他们务工就业、自主创业、发展生产、当家理财的能力。宣讲党的惠民政策、宣传先进典型，累计编制印发《脱贫攻坚政策措施宣传册》1.4万余册、《脱贫攻坚专报》82期，举办各类集中宣讲活动60余场次。讲述阿依娜布拉克村村民木哈买提江脱贫事迹的文章《撸起袖子干，日子更亮堂》被刊发在《人民日报》头版头条，全面展示脱贫攻坚的生动实践和显著成效，凝聚起打赢脱贫攻坚的强大正能量，有效教育引导贫困群众克服依赖心理，树立自力更生、勤劳致富的思想观念，坚定积极参与、自我发展、主动脱贫的信心，激发自我“造血”谋发展的内生动力。

加强乡风文明建设。以培育和践行社会主义核心价值观为引领，弘扬中华民族传统美德，以“创城”“乡村文明建设”“美丽乡村、文明家园”活动等为载体，组织开展“向陋习宣战·树文明乡风”“文明村民大家评”等一系列精神文明宣传教育活动和群众性文化活动，健全完善村规民约，引导广大农牧民群众自觉培育良好的乡风、村风、家风，营造崇尚文明、移风易俗、勤俭持家、勤劳致富的良好风气。

（三）怎么扶——产业带动综合性减贫治理

精准扶贫，一定要精准施策。要坚持因人因地施策，因贫困原因施策，因贫困类型施策。俗话说，治病要找病根。扶贫也要找“贫根”。对不同原因、不同类型的贫困，采取不同的脱贫措施，对症下药、精准滴灌、靶向治疗。各地要通过深入调查研究，尽快搞清楚现有贫困人口中，哪些是有劳动能力、可以通过生产扶持和就业帮助实现脱贫的，哪些是居住在“一方水土养不起一方人”的地方、需要通过易地搬迁实现脱贫的，哪些是丧失了劳动能力、需要通过社会保障实施兜底扶贫的，哪些是因病致贫、需要实施医疗救助帮扶的，等等。国务院扶贫办要在各地调查的基础上，汇总出全国情况，提出分类施策的具体办法。

——习近平《在部分省区市扶贫攻坚与“十三五”时期经济社会发展座谈会上的讲话（节选)》（2015 年 6 月 18 日）

在综合性的减贫治理方面，巴里坤县按照“六个精准”脱贫攻坚行动要求，围绕推进“五个一批”工程和“十大专项行动”，聚焦短板、精准施策。2016 年以来整合投入各类资金 10 亿余元，以精准扶贫项目为支撑、以产业发展带动为主线、以贫困群众为主体，全面打好脱贫攻坚组合拳。

1. 扎实推进特色产业带动专项行动

立足现有产业发展基础，依托优势资源，积极推行“一村一品”“一户一业”和“联户多业”的产业扶贫模式，继续扶持脱贫群众发展优势特色产业，努力形成群众参与度高、带动力强、劳动密集型的特色优势产业。

发展露地蔬菜产业。加快建设无公害蔬菜生产基地和标准化生产综合园区，调整优化蔬菜品种结构，扩大露地蔬菜种植规模，建立稳定的良种繁育基地，积极引进、扩繁、推广适合气候和适宜加工、适销对路的优良蔬菜品种，提升蔬菜种植比较效益；鼓励脱贫群众种植露地蔬菜，培育露地蔬菜种植合作社和企业，推行“合作组织建基地带农户”的模式，由合作社牵头建设蔬菜种植基地，脱贫群众以土地流转或资金入股的形式参与合作社，建立稳定的资产性收益分红机制，带动脱贫群众稳定增收。

发展食用菌产业。着力推进食用菌产业化经营，推行“企业 + 合作社 + 基地 + 农户”的经营管理模式，通过培育有实力的科技型、加工型龙头企业和合作社，利用其聚集和辐射功能，形成风险共担、利益共享的产业经营体系。利用财扶资金为脱贫户修建种植大棚，由企业和合作社直接为脱贫户提供高质量的菌种、菌料和种植技术服务，实行统一原料供应、统一生产标准、统一技术指导、统一产品质量、统一加工销售，带动脱贫群众种植食用菌。

发展肉羊、肉牛、奶驼、奶驴、禽类、水貂、水产等特色养殖业。依托健坤牧业、花麒奶业、神驼乳业等特色农畜产品深加工产业链的延伸，积极调整优化畜牧业产业结构，强化政府政策扶持、资金引导、技术推广等措施，积极培育养殖大户，推广标准化养殖和品种改良技术，有效扩大养殖规模、降低养殖成本、提高养殖效益。探索建立“园区集中养殖、农户适度养殖、企业技术指导、统一经营管理”的特色养殖业发展模式，提升农牧民在规模化发展上的参与度，让更多农牧民享受到产业发展链条上的增值收益。

发展农产品加工业。巩固、完善、提升健坤牧业、普升畜牧、花麒奶业、泽西食品、农丰园蔬菜、新地土特产、圣野食用菌、神驼乳业等农业产业化龙头企业的发展质量和水平，延伸产业链、提高附加值，做精做优做强农业产业化。加大培育和引进尚处于空白领域的农业产业化企业和新型农村合作组织，着力推动水产品养殖产业的发展，重点抓好大蒜、奶酪、沙棘、小麦、酒类及特色面食等农副产品深加工项目，着力构建产业齐备、互为支撑、联动发展、效益明显的农牧业产业化体系。

发展民族刺绣、民族服装、民族手工艺品等产业。结合民族传统特色、市场需求和农村生产生活特点，扶持发展群众积极性高、简单易学、投资小、产品有销路的民族刺绣、民族服装、民族手工艺品等家庭手工业。采取“合作社 + 基地 + 农户”的模式，创新集中和分散相结合的经营方式，依托县城民族刺绣产业基地和民族刺绣专业合作社，对脱贫群众进行免费操作技术培训，扶持发展刺绣产业。充分发挥对口援疆优势，加快建设促进就业规模大、吸纳承载劳动力强、辐射带动面广的民族服装厂。积极推动河南安绣与巴里坤县民族刺绣的深度融合发展，探索建立“工厂化生产 + 分散加工 + 集中营销”的发展模式，有效扩大服装刺绣产业带动辐射能力，促进农牧民持续增收。

发展特色旅游扶贫产业。以自治县创建“国家全域旅游示范区”为契机，加快脱贫乡村旅游基础设施建设，加强重点村负责人、乡村旅游带头人、旅游从业人员的经营管理和服务技能培训，加大乡村旅游线路、旅游产品、特色农副产品等的宣传推介力度。通过金融扶贫贷款等政策，鼓励脱贫群众发展农牧家乐和乡村旅游服务业。立足自然资源和区位优势，完善海子沿乡尖山子村、石人子乡高家湖村、花园乡兰州湾子、大红柳峡乡昌家庄子等乡村旅游景区的景点基础设施建设，积极引进先进的经营管理方式，提升旅游发展效益，确保脱贫人口实现稳脱贫、可持续、能致富。

发展庭院经济。充分利用家庭院落的空间和各种资源，按照户均3000元的补助标准，扶持有意愿的脱贫群众发展以家禽养殖、季节性蔬菜种植、食用菌种植为重点的庭院经济，通过引产业、搭平台、强服务等方式，积极培育专业化营销组织、经纪人队伍，健全完善统一收购、统一包装、统一销售的营销模式，探索“电商 + 庭院经济”发展的有效途径，畅通庭院经济快速有效进入市场的连接渠道，活跃和丰富城乡市场，推动庭院经济发展。

2. 扎实推进转移就业专项行动

坚持推进以转移就业为重点，按照“培训一人、输出一人、脱贫一户”的思路，在全面提升贫困劳动力转移就业能力的基础上，通过落实贫困劳动力稳定转移就业奖励和社会保险补贴政策，探索建立县域扶贫龙头企业开发脱贫户稳定就业岗位以奖代补政策。强化就业宣传引导，搭建劳务经济服务平台，采取积极组织实施成建制的劳务输出、积极对接落实就业岗位、鼓励县域龙头企业和专业合作社吸纳就业、开发扶贫就业岗位、创办不同类型的扶贫就业创业市场等措施。

坚持自主创业脱贫，坚持把就业创业作为“一号工程”，严格按照《自治县脱贫攻坚巩固提升稳定就业及自主创业奖励项目验收实施细则》落实创业扶贫政策，全方位提供创业援助和服务工作，加大创业担保贷款支持力度，加快乡镇集贸市场、农村电商平台、农牧民创业园区等创业平台建设，扶持贫困农牧民从事家政服务、旅游服务、农村社会服务、电子商务、交通运输等现代服务业和开办小商店、小饭店、小作坊、小摊点等微利项目实现就业增收。

强化就业创业指导和服务，通过企业吸纳一批、培训转移一批、创业扶持一批、就业援助一批、维稳值班值守安排一批、公共服务岗位就业一批等渠道，确保每个家庭至少一人实现稳定就业，持续推进脱贫群众多途径就业、多元化增收。

积极引进劳动密集型企业落户巴里坤县，加快建设面向乡村的“卫星工厂”和“扶贫车间”，帮助剩余劳动力和有劳动能力的“三类人员”家属就近就地转移就业。截至调研开展时，建档立卡脱贫户中符合转移就业条件的劳动力中已实现转移就业 2106 人。探索在县域内扶贫龙头企业开发脱贫户产业化工人以奖代补政策。采取“师带徒”的方式进行国家通用语言和技能培训，稳定就业在 6 个月以上，工资待遇（含“五险一金”）在 3000 元以上，每开发一个稳定就业岗位，对扶贫龙头企业补助 1 万元。

加强脱贫劳动力语言和技能培训工作。同时，实施了自治县建档立卡脱贫户志力引导培训及考察观摩活动以及自治县致富带头人培训及考察观摩活动，共完成 274 人的培训任务。全县稳定转移就业贫困劳动力超过 2000 人，年人均增收 3400 元以上，实现了符合就业条件的贫困家庭“一户一工人”目标。

3. 扎实推进生态补偿专项行动

积极创新生态管护方式，设立生态管护和环卫保洁岗位，不仅有效解决了生态管护的问题，而且帮助贫困群众实现稳定增收。

实施生态环境保护工程，实施了 3000 亩退耕还草项目，每亩国家补助 800 元；全面落实草原生态补助奖励机制，实施草原禁牧面积 440 万亩，草畜平衡面积 1426 万亩，禁牧国家补助为每亩每年 6 元，草畜平衡国家补助为每亩每年 2.5 元。

实施农村环境卫生综合整治工作，通过建立完善环境卫生治理长效机制和设立贫困乡村环卫岗位，既解决了贫困群众的就近就地就业，又改善了贫困村人居环境。

4. 扎实推进教育扶贫专项行动

实施教育惠民工程，加快贫困村中小学校标准化建设，投入资金 1.2 亿元，实施完成了 7 所贫困乡村中小学标准化建设，新建 5 所贫困乡村幼儿园，改善了贫困乡村办学条件。

全面落实教育惠民政策。在全面落实国家、自治区、哈密市教育惠民政策的基础上，实行 15 年免费教育，对 244 名贫困家庭高职和本科生给予 5000 元入学学费和每年 3000 元生活费补助。

建立贫困学生帮扶工作机制，按照高级职称教师帮扶 3 名贫困学生、中级职称教师帮扶 2 名贫困学生、初级职称教师帮扶 1 名贫困学生的原则，全县教师对口帮扶 400 余户贫困家庭子女就学，实现了教育扶贫结队帮扶全覆盖。

5. 扎实推进社会保障专项行动

实施健康扶贫工程。完善县、乡、村三级医疗卫生服务网络，实施了乡镇卫生院和贫困村卫生室标准化建设，启动实施了贫困人口免费体检工作，新农合和大病保险制度向贫困人口倾斜，将贫困人口全部纳入新农合和大病救助范围，贫困户参加新农合的自筹资金由县财政负担。城乡居民基本医疗保险、大病保险、养老保险、“脱贫保”商业保险参保率均达到 100%。已完成脱贫户家庭医生签约服务费个人部分的缴纳工作，杜绝了因病致贫、因病返贫现象的发生。

实施社会保障工程。积极完善农村最低生活保障制度，推进农村低保与扶贫开发有效衔接，将符合条件的贫困户纳入低保政策保障范围。健全完善低保家庭专项补贴发放机制。

加大贫困残疾人康复工程、特殊教育、技能培训、托养服务实施力度。

针对残疾人的特殊困难，全面建立了困难残疾人生活补贴和重度残疾人护理补贴制度。

建立困境儿童生活费补助政策，将全县符合条件的困境家庭儿童纳入救助范围，每人每月给予 60 元的生活补助。实施贫困家庭生育奖励政策，为 467 户计划生育贫困户发放奖励资金 112.7 万元。

6. 扎实推进民生改善专项行动

始终坚持以改善基础设施条件、优化生产生活环境、突破发展瓶颈、实现贫困群众稳定脱贫为根本，实施重点村基础设施配套项目 60 余项。夯实生产发展基础、公共设施基础、基层组织基础。

着力改善贫困群众住房条件。积极整合筹措资金 2667 万元，户均补助 5.5 万元，为 485 户贫困户修建了户均 80 平方米的安居富民房，并配套了供水、供电、供暖、热水器、彩瓦等设施，使全县贫困户全部住上了符合标准的安居房，彻底解决了住房安全保障问题。

夯实公共服务设施基础。坚持推动基础设施向农村延伸、公共服务向农村拓展、产业向农村合理布局，积极推进农村“两居工程”、宽带网络入户和文化、体育、广播电视等公共服务设施工程建设，实施农村环境治理工程，实现了贫困村村委会办公场所、村民服务中心、干部周转房、警务室、村民小组活动室和双语幼儿园、村卫生室“5+2”工程全覆盖，建成了县乡村三级电子商务体系，实现了电子商务进农村全覆盖，有效改善了贫困村公共基础设施条件和生产生活环境。

7. 扎实推进突破瓶颈专项行动

改善农村水利设施条件。投入 9034 万元，实施完成了 2000 亩高效节水灌溉、50 千米防洪体系、60 千米防渗渠道、5000 亩高标准农田和 5 个贫困村安全饮水工程，提升了贫困村农田水利保障能力，彻底解决了贫困村饮水安全问题。

改善贫困乡村出行条件。投入 8187 万元，实施完成了 133.6 千米的通村油路和村间道路，实现了贫困村畅通工程全覆盖。规范完善了重点乡村客运站点建设，提高了客运班车通行率，彻底解决了农牧民出行难问题。

提升贫困村农村电网供电能力和供电质量。全面实施了农村电网升级改造工程，完成了 134 千米 10 千伏农村电网线路架设和 925 基电杆更换工作，彻底解决了贫困村电力设施老化和群众用电问题。

做好“互联网 +”扶贫工作。发展电商扶贫产业。坚持将农村电子商务作为巩固提升脱贫攻坚成果的重要载体，积极完善县级电子商务公共服务中心和乡村两级电子商务服务站建设，建立县乡村三级物流配送体系，扶持龙头企业、专业合作社建立农村电商服务体系，打造农产品电商销售平台，与合作社、种养大户建立直采直供关系。支持脱贫群众从事电子商务，鼓励电商企业，对贫困村电商站、设备配置以及代办物流快递服务点，给予适当补助和小额信贷支持。当地电信运营企业根据用户需求负责宽带入户建设，鼓励电信运营企业对贫困村网络流量资费给予适当优惠。全县建成县级电子商务公共服务中心 1 家、乡（镇）级电子商务服务站 15 个，村级电商服务点 27 个，14 个重点建档立卡贫困村实现了服务站点全覆盖，累计服务建档立卡贫困人口 11534 人次，截至调研开展时，电子商务交易额达 1071 万元，同比增长 17%；网络零售额达 380 万元，同比增长 8%。

8. 扎实推进边境扶贫专项行动

投入资金 750 万元，购置奶驼 927 峰、奶驴 100 头、生产母羊 500 只，扶持 1027 户边民发展特色养殖业（涉及贫困户 876 户）。

投入兴边富民资金 350 万元，完成了 7 个村安全饮水、防渗渠道等水利建设项目，有效改善了边境村的基础设施条件。

全面落实边民补贴政策，现有 800 名护边员，每人每月发放 2000 元补贴。投入资金1000余万元，新建了三塘湖镇边民物资供应站，有效解决了广大边民越冬物资供应问题。

9. 扎实推进金融扶贫专项行动

全面落实和用足用好中央、自治区和哈密市金融扶贫政策，组织召开了金融助推脱贫攻坚现场推进会，建立了“脱贫攻坚帮扶干部＋驻村工作组＋村委会＋乡镇政府”四级推荐，扶贫办、金融机构联合审核金融扶贫贷款工作机制，确保了金融助推脱贫攻坚专项行动有序开展。截至调研开展时，全县落实贷款风险补偿基金1300万元（自治区财政金融担保资金500万元、市财政金融担保资金300万元、中国石油天然气集团公司石油金融担保基金300万元、县扶贫基金100万元、互助资金100万元），向1844户贫困户发放“两免一贴”贷款5095万元，贫困户贷款覆盖率为97%，获得率为100%，满足率为100%。

积极做好扶贫龙头企业及扶贫专业合作社人行再贷款发放工作，截至调研开展时，已发放贷款2230万元，其中：向健坤牧业公司发放贷款950万元，向11家专业合作社发放贷款1280万元。

实施了14个贫困村银行卡助农取款服务点建设，完善了贫困村金融服务网络。在扶贫小额信贷的支持下，建档立卡脱贫户开展畜牧养殖和畜产品深加工，解决了脱贫户发展资金问题，明显降低了脱贫户农业产品购销成本。同时利用景区资源和“互联网＋”电商模式销售产品，在金融扶贫与旅游扶贫的双向带动下，扶贫产业链逐步构建延伸，顺利建成扶贫长效机制。

10. 扎实推进现代文化引领专项行动

注重发挥贫困群众的主体作用。坚持群众同心主推，开展“精神脱贫”系列活动。组织开展了第三个国家扶贫日“脱贫攻坚・我在行动”系列主题活动，教育引导贫困农牧民克服“等靠要”的依赖心理，树立自力更生、勤劳致富的思想观念。立足自身实际，自主创业、自我激励、自我发展，用自身的努力改变贫困面貌。

建立社会扶贫宣传工作机制。通过拍摄脱贫攻坚微电影，举办贫困户脱贫攻坚小品大赛、文艺会演、政策宣讲以及绘制脱贫攻坚文化墙等方式，宣传脱贫攻坚的先进典型和各乡镇、各部门（单位）推进脱贫攻坚的好做法、好经验以及广大干部群众自强不息、战胜贫困的典型事迹，凝聚起打赢脱贫攻坚战的强大正能量。

积极组织开展各类宣传活动。通过在广播电视、政府网站、“巴里坤县零距离”开设专题专栏，邀请《新疆经济报》《哈密日报》等新闻媒体开展一系列宣传活动，编制印发《脱贫攻坚知识宣传册》《脱贫攻坚应知应会》《脱贫攻坚专报》，以此营造全社会参与、共同推进脱贫攻坚的良好氛围，提升全社会的认知度和贫困群众的满意度。

（四）如何退——多项考核以人民满意为目标

2016 年以来，巴里坤县紧紧围绕社会稳定和长治久安的总目标，坚决贯彻落实中央、自治区党委、哈密市委脱贫攻坚的决策部署。坚持精准扶贫、精准脱贫基本方略，按照一年集中攻坚、三年巩固提高、同步进入全面小康社会“三步走”的目标要求，聚焦“扶持谁”“谁来扶”“怎么扶”“如何退”等关键性问题，围绕“贫困发生率不高于 3%，贫困人口错退率、贫困人口漏评率不高于 2%，群众认可度达 90% 以上”的工作目标，严格脱贫攻坚标准和程序，细化工作措施，以“绣花”的耐心和恒心，补齐短板，以“三率一度”为标准提升脱贫攻坚工作的精准度和质量。

1. 坚持精准识别，做到扶持对象准确无误

巴里坤县坚持把精准识别贫困人口作为精准扶贫、精准脱贫的基础和前提，早动手、早准备、早谋划，全面摸清摸准贫困人口底数，确保扶贫

对象精准，确保不落一户，不漏评一户。

摸清底数，建档立卡。从2015年下半年开始，巴里坤县按照新一轮贫困人口建档立卡工作要求，建立贫困人口收入、消费、资产、健康、教育等贫困指标评估体系，在全面摸清摸准贫困人口规模、分布以及居住条件、就业渠道、收入来源、致贫原因等情况的基础上，逐户逐人进行分析和查找致贫原因，建立并做实了贫困人口档案。严格采取“七步工作法”，并先后组织开展了多轮“回头看”工作，认真甄别贫困人口。在识别过程中，严格标准、规范操作、把好关口，注重群众参与，把识别权交给群众，让群众识别谁是贫困户，做到了符合标准的一人不漏，不符合标准的一人不进，确保贫困人口识别工作做到公开、公平、公正。

核查评估，找准对象。成立专项工作组，制定核查评估方案，按照“谁核查、谁负责、谁上报、谁签字、谁担责”的原则，运用自治区扶贫数据大平台，认真组织开展精准识别核查评估工作，反复甄别核查，确保精准识别，不漏一户一人。

分类保障，因贫施策。在全面摸清摸准贫困村和建档立卡贫困人口基本情况的基础上，认真分析查明致贫根源，根据不同类型村、户的具体情况，实现“规划到村、扶持到户、脱贫到人”精准脱贫措施的全覆盖。

2. 坚持精准退出，做到贫困退出真实可信

巴里坤县坚持把精准脱贫、精准退出作为脱贫攻坚的最终目的，建立健全严格、规范、透明的退出机制。强化对脱贫效果的考核与评估，确保脱贫退出精准，经得起考验。

按照“六个精准”脱贫攻坚行动要求，围绕推进“五个一批”工程，聚焦短板、精准施策。2016年整合投入各类资金7.74亿元，持续推进脱贫攻坚“十大专项行动”，突出产业扶贫，培育发展适应贫困村、贫困户的特色种养业、农产品加工业、乡村旅游业、民族手工业等产业，在各类

产业发展增值中使农牧民长期受益；突出就业创业，注重多层次、多领域的技能培训，提升能力，拓宽渠道，实现稳定就业创业增收；突出政策保障，坚持惠民扶贫政策只增不减，完善社保、教育、医疗等保障体系，健全防灾减灾、救济救助等风险防控机制，确保贫困群众真脱贫。

严格落实“民主评议、核实认可、公示核查、群众参与、全程透明”的贫困退出程序和要求，坚决防止虚假脱贫和数字脱贫，确保脱贫质量。

实行严格的脱贫工作绩效评估、考核和监督机制，定期组织开展脱贫攻坚成效自评自验工作，明确标准和程序，设定时间表，准确测算贫困发生率、贫困人口收入、公共服务等主要指标，有序退出贫困人口，确保脱贫到人、精准退出。

坚持精准脱贫与巩固提高相结合，贫困群众脱贫后，坚持政策不变、力度不减。攻坚期内对脱贫群众继续给予支持，做到脱贫不脱帮扶、脱贫不脱政策、脱贫不脱项目，确保脱贫农牧民稳定持续增收、无一返贫。

建立贫困人口动态监管机制，实行有进有出、长效帮扶、动态管理，对脱贫成效进行动态监测、分析和评价，用最严最实的标准和要求开展脱贫验收，已稳定脱贫的有序退出，返贫的重新录入，防止发生“被脱贫”现象，提升精准脱贫成效。

3. 坚持精准施策，确保脱贫攻坚成效

紧紧围绕“两不愁三保障”的脱贫标准，扎实推进脱贫攻坚行动，全面提高脱贫攻坚成效，有效降低贫困发生率。

脱贫减贫指标达到国家验收标准。从解决影响贫困群众长远发展的关键性问题入手，整合各类项目资金 1.2 亿余元，着力补齐水、电、路、房等“短板”。落实并建立健全教育医疗、低保等社会保障体系，贫困人口实现“一超过”“两不愁三保障”的脱贫标准，2016 年，贫困户人均纯收入达到 4500 元以上，较 2015 年增收 2260 元，增长 101%，超过了国家

减贫标准（3026 元）。全县农村居民人均可支配收入达到 12406 元，较 2015 年增加 1656 元，增长 16%。全县 2198 户 7703 名建档立卡贫困人口中 2120 户 7426 人达到脱贫减贫标准，贫困发生率由 2015 年的 9.5% 下降至 0.39%；教育、卫生医疗、住房、就业、交通等基本公共服务主要领域指标均接近自治区平均水平。

贫困村达到“六通四有一无”的退出标准。坚持以改善基础设施条件、优化生产生活环境、实现贫困群众稳定脱贫为根本，全面实施完成了贫困乡村高效节水灌溉、防洪体系、防渗渠道、高标准农田、安全饮水、通村油路和农村电网升级改造等工程。全面开展和谐稳定美丽乡村建设，14 个贫困村全部实现通水、通路、通电、通邮、通广播电视、通网络；集体经济，村集体经济经营性收入均达到 5 万元以上，可支配收入均达到 10 万元以上；村级组织多功能活动场所、村委会办公场所、村民服务中心、干部周转房、警务室、村民小组活动室和双语幼儿园、村卫生室等设施实现全覆盖；有环境治理措施，居住环境整洁；有一个好支部，村级组织战斗力强；村内无危房户。

形成了贫困群众稳定脱贫长效机制。始终坚持产业是根本、政策是保障，把精准解决贫困人口持续稳定增收和生活保障问题作为首要任务，按照“五个一批”的要求，扎实推进脱贫攻坚“十大专项行动”，精准施策、精准发力。通过特色产业扶贫，实现每个有劳动能力的贫困家庭至少有一项稳定的增收产业；通过创新建立资产收益扶贫机制，实现绝大多数贫困家庭都有一份稳定的资产收益分红收入；通过多频次的免费实用技能和创业就业培训，实现每个贫困家庭都至少掌握一项实用的职业技能；通过提供就业服务、创优就业创业环境，实现有劳动能力的贫困家庭至少有一个稳定的就业岗位；通过教育医疗扶贫，实现因学因病致贫家庭都有一条有效的救助途径；通过社保兜底扶贫，实现特殊贫困家庭都有一份基本的生活保障。建立健全脱贫“摘帽”的体制机制，坚持脱贫“摘帽”不改变既有的扶持政策，从制度上保障教育、医疗、养老、就业、产业发展等领域扶贫举措科学长效、落地生根，从根本上切断了贫困代际传递。

提高贫困群众主体意识。坚持发挥贫困群众的主体作用，开展“精神扶贫”系列活动，教育引导贫困农牧民克服“等靠要”的依赖心理，牢固树立“我能行”的主体意识，增强了贫困群众自主创业、自我激励、自我发展的能力，提振了贫困群众用自身的努力改变贫困面貌的信心和决心，树立起了“我脱贫我光荣”和自力更生、勤劳致富的思想观念。

4. 坚持精准到人，确保群众满意

紧紧围绕扶贫政策落实、脱贫成效评估、干部帮扶工作等方面，全面提升群众对精准扶贫脱贫措施的满意度。一是严格落实精准扶贫脱贫政策措施，坚持公开公平透明的原则，对落实的扶贫惠民政策全部予以公示，主动接受群众监督，坚决杜绝出现政策落实违规的问题。同时，扎实做好精准扶贫脱贫政策的宣传工作，提升群众的知晓率和满意度。二是注重发挥群众的主体作用，在扶贫产业确定、项目选址和设计、公共服务设施建设等涉及群众切身利益的问题中，充分尊重群众意愿，最大限度地激发和调动群众参与的积极性和主动性，让群众真正参与到脱贫攻坚中，在共同发展中提升群众的满意度。三是注重发动群众参与，让贫困群众知晓和认可帮扶单位和个人的帮扶工作情况，提升贫困群众的满意度。四是扎实做好贫困农牧民收入统计核算工作，制定贫困农牧民收入台账和收入核查表，帮助贫困农牧民算好账、算细账，确保各类收入都能精准反映并得到群众认可。五是强化宣传教育引导，要坚持管用有效的原则，宣传精准扶贫脱贫各项政策措施、社会帮扶工作等情况，让贫困群众知晓和认可脱贫攻坚工作的举措和成效。六是积极组织开展满意度测评工作，通过定期组织召开村民大会、贫困群众代表会议、入户走访、发放调查问卷等形式，让群众评议脱贫攻坚成效，发现问题、及时整改，全面提升脱贫攻坚成效。

三、巴里坤县“整态化”脱贫的成果

（一）持续健康的发展态势更加强劲

为打赢脱贫攻坚战、全面建成小康社会、实现社会稳定和长治久安的总目标提供了坚强保障。紧紧围绕社会稳定和长治久安的总目标，坚定不移地把脱贫攻坚作为最大的政治任务和民生工程，切实把脱贫攻坚作为全县经济社会发展迈上新台阶的重大工程，作为推进农牧业产业化发展和培育新的经济增长点的重要载体，作为补齐“短板”、推进统筹发展的有力抓手，牢固树立“五大发展理念”，紧贴民生推动发展，坚持一产上水平、二产抓重点、三产大发展，坚持九项惠民工程，推进经济社会发展提质增效、更好更快发展，让改革发展的成果充分惠及当地、惠及各族群众，有力地拉动了各族群众发展生产、拓宽了就业的空间、保障了持续稳定增收，各族群众生产生活水平大幅提高，住房、教育、医疗、出行条件显著改善，基层基础更加坚实，有效提升了各族群众的幸福感、获得感。

（二）扶贫脱贫的攻坚成果更加巩固

为打赢脱贫攻坚战、全面建成小康社会、实现社会稳定和长治久安的总目标奠定了坚实基础。始终坚持把脱贫攻坚作为“十三五”期间头等大事和第一民生工程，立下“军令状”，发出“总动员”，举全县之力打好“攻坚战”，消除贫困、实现富裕，切实加快了各族群众增收致富奔小康的进程。一是贫困人口实现了“一超过”“两不愁三保障”的脱贫标准。二是贫困村达到了“六通四有一无”的退出标准。三是重点县摘帽指标均达到国家验收标准。

（三）脱贫致富的发展途径更加精准

为打赢脱贫攻坚战、全面建成小康社会、实现社会稳定和长治久安的总目标提供了有力支撑。始终坚持产业是根本、政策是保障，切实把精准解决贫困人口持续稳定增收和生活保障问题作为首要任务，按照“五个一批”的要求，扎实推进脱贫攻坚“十大专项行动”，精准施策、精准发力，通过特色产业扶贫，通过创新建立资产收益扶贫机制，通过多频次的免费实用技能和创业就业培训，通过提供就业服务、创优就业创业环境，通过教育医疗扶贫，通过社保兜底扶贫等多种方式方法扶贫攻坚。同时，建立健全脱贫“摘帽”的体制机制，从根本上切断贫困代际传递。

（四）脱贫帮扶的长效机制更加完善

为打赢脱贫攻坚战、全面建成小康社会、实现社会稳定和长治久安的总目标汇聚了强大合力。始终坚持“党委领导、政府负责、群众主体、部门联动、社会参与”的精准扶贫格局，创新建立“四主四包”工作机制，坚持党政同责主抓、干部同力主帮、社会同管主扶、群众同心主推，县领导包乡、乡领导包村、部门领导包户、党员干部包人，明确县乡两级党委、政府主体责任，实行分管领导“一岗双责”，压实行业部门（单位）和党员干部的帮扶责任，鼓励和支持各类企业、社会组织和个人参与多种形式的到村到户到人的精准扶贫，形成了全社会上下联动、齐抓共管、合力攻坚的长效帮扶工作机制。

（五）贫困群众的主体作用更加明显

为打赢脱贫攻坚战、全面建成小康社会、实现社会稳定和长治久安的总目标注入了内生动力。始终坚持群众主体，注重发挥贫困群众的主观能动性，着力教育引导贫困群众牢固树立“我能行”的主体意识，激发自力更生、艰苦奋斗、勤劳致富的信心和决心，唤起依靠自身努力主动作为、主动发展、主动脱贫的内生动力和内心愿望；着力培养和提高贫困群众务工就业、自主创业、发展生产、当家理财的能力，不断增强自我“造血”功能，实现扶贫由“输血型”向自我发展、自我积累、自我脱贫的“造血型”持续发展转变；强化贫困群众感恩党、感恩伟大祖国、感恩社会的思想意识，形成了凝心聚力、苦干实干、脱贫致富奔小康的良好局面。

附件：疫情期间不忘成果巩固

努力克服疫情影响。抓好稳岗就业，优先组织脱贫劳动力返岗和外出务工，为脱贫户全方位提供就业创业援助和服务工作，扶持从事家政服务、旅游服务、农村社会服务、电子商务、交通运输等现代服务业和开办小商店、小饭店、小作坊、小摊点等微利项目，有效带动脱贫群众实现增收。抓好复工复产，认真落实落细国家、自治区各项纾困惠企政策落地生根，累计为带贫益贫企业和农民专业合作社、小微企业、个体工商户等落实减税降费、小额信贷、金融贷款资金达 2.9 亿元，落实房租、电气和社保缴费等减免政策资金 3000 余万元，有序推动复工复产、达产达效，全县各类企业复工率达 100%，扶贫项目完工率 100%。扎实做好疫情期间农资、农机保障，农技服务，农牧民牲畜转场、接羔育幼以及农产品销售等工作，重点解决脱贫户在农业生产中遇到的各类问题。

第二章　特色产业筑牢脱贫基础

贫困地区发展要靠内生动力，如果凭空救济出一个新村，简单改变村容村貌，内在活力不行，劳动力不能回流，没有经济上的持续来源，这个地方下一步发展还是有问题。一个地方必须有产业，有劳动力，内外结合才能发展。最后还是要能养活自己啊！

——习近平《在河北省阜平县考察扶贫开发工作时的讲话》（2012 年 12 月 29 日、30 日）

产业是一个地方是否能“养活自己”的关键，是“整态化”贫困治理结构之中的核心客体因素。依靠产业支撑的脱贫体系是稳固有效的，构筑特色现代产业符合精准扶贫的客观要求。由此，构筑规模化、产业化和社会化的且符合贫困地区特点的现代产业，就成了贫困县打造县域经济的不二之选，也是贫困县脱贫摘帽的客观需求。

巴里坤县基础设施落后，交通不便，牧区脱贫攻坚任务繁重。与这些不利因素相对的，是巴里坤县得天独厚的牧业资源。

一、今朝巴里坤

（一）健坤牧业——农牧业产业化龙头企业为贫困群众增收致富保驾

巴里坤健坤牧业有限公司成立于 2013 年 6 月，注册资本金 12432.3 万元，总投资3.2亿元，已建成标准化养殖区、屠宰分割加工区、熟食加工区、交易储藏区和生态旅游观光区，是一家集牛羊良种繁育、养殖育肥、活畜交易、屠宰分割、熟食加工、冷链贮存、物流销售以及饲草料加工于一体的现代综合型畜牧业产业化公司，公司占地面积1100亩，现有职工306人。被农业部命名为国家级动物疫病净化创建场，先后获得自治区扶贫龙头企业、自治区农业产业化重点龙头企业、自治区农业科技产业园、地区种羊场、巴里坤县种羊场、青少年科普教育基地、大学生见习基地等称号。其已经成为有效带动巴里坤县贫困群众脱贫增收致富的产业化扶贫龙头企业，而这主要得益于以下措施。

一是创新举措，推行“企业＋合作社（农户）＋基地＋市场”模式，推进特色产业融合发展

1. 坚持“以工业化思维谋划、工业化手段推进畜牧业发展”的理念，针对巴里坤县农牧业生产规模小、经营分散、带动能力弱、产品质量低的现状，坚持“标准化、规模化、集约化、产业化”发展，探索符合市场经济发展规律的生产经营模式。按照“提纯复壮本地土种羊、引进纯繁优质良种羊”的思路，通过引进种畜和推广杂交改良、胚胎移植等先进技术，推动牲畜品种改良，培育出了“既保留本地哈萨克羊适应性好、耐粗饲、耐高寒、抗病能力强的特性，又吸取外地良种羊高繁殖率、产肉量高、生长速度快的特性”的肉羊新品种，实现了生产母羊“一年两胎、两年三胎”和“一胎多羔”的目标，增加了生产经营效益，带动了周边5000余户农牧民群众发展牛羊养殖业。

2. 通过“企业＋合作社”的方式，与全县养殖合作社和农户合作形成发展联合体，向养殖合作社和农户以成本价提供良种畜进行扩群，分阶段进行技术跟踪服务，育成后高于市场价回收，实行“统一饲养品种、

统一饲养标准、统一服务管理、统一定价回收、统一组织销售”的运作模式，风险共担，利益共享，避免了无序竞争，实现了共赢，推动了一家一户分散型养殖经营向组织化、标准化、规模化经营养殖转变。健坤牧业自投产以来，以高于市场价 3 ～ 4 元的价格累计收购本地农牧民（贫困农牧民）出栏肉羊 5 万余只，不仅解决了农牧民牲畜难卖的问题，还有效促进了农牧民增收。

3. 通过“公司 + 农户”的方式，发挥公司对市场信息敏感和组织化进入市场的优势，对外谋求利益最大化，对内确保农牧民利益（订单式保底收益），采取托养托管贫困户牲畜的方式，使贫困牧民享受资产受益分红，带动了贫困农牧民持续增收。公司与 1932 户贫困户签订了托养协议，托养的牲畜按市场价折算，按 1 万元折股，年分红 1200 元，使贫困群众每年获得稳定的资产受益分红收入。

4. 通过与农牧户签订饲草料收购合同，开展订单生产、订单收购，充分体现了以畜定需、以养定种，构建了互惠互利的利益联结机制。每年的冬末春初，牲畜正处于接羔育幼的关键期，一部分经济基础较差的牧民无法依靠自身能力保障牲畜越冬度春。针对这一难题，巴里坤县政府以向贫困牧民发放每千克饲草料 0.3 元补贴的形式，由健坤牧业有限公司承担生产加工饲草料的任务，每年 4 月底之前发放给饲草料短缺的贫困牧民。三年来，共发放政府补贴饲草料 2000 吨，解决了牧民饲草料短缺问题，确保各乡场近 6 万头牲畜安全越冬度春，提高了贫困农牧民抵御自然灾害的能力。并收购当地农牧户压缩打块青草 1000 余吨、麦草 2000 余吨、苜蓿 12000 吨、青贮玉米 1200 吨，惠及牧民 2000 余户，为当地农牧民的饲草料、秸秆销售提供了畅通的渠道，改变了当地种植结构。

二是拓宽思路，深入推进产业融合发展，着力延伸畜牧业产业链

1. 坚持将产业链、价值链等现代产业发展理念和组织方式引入农牧业生产经营，通过农产品深加工，延伸产业链，提高农产品附加值。2016 年建成国内领先水平的集屠宰、分割、包装、熟食加工为一体的生产线，利用屠宰车间、熟食车间、低温物流冷库等所配备的机械自动化程度高、运行安全、具有先进水平的生产线，在活畜购进、进场、屠宰、生产分割等环节严格检疫，把控各生产环节关键控制点，确保了产品的质量。今后还将在牛羊的下游产品皮革加工、生物制品加工、有机肥加工等方面进行拓展，通过创新发展，不断延伸产业链，提高产品附加值，最终实现对产品的“吃干榨尽”和良性循环，最大限度地提高企业生产经营效益。

2. 积极开拓产品销售市场。坚持以市场为导向，用商业化的思维盘活和拓展畜牧产品市场，按照“定位高端、兼顾中低端，瞄准国内市场、拓展国外市场”的思路，积极与国内外知名终端企业联系，建立合作关系，按照市场需求，订单式生产加工畜产品，实行定向供应与拓宽销售市场相结合，推动养殖、生产、加工、销售一体化经营。同时，运用“互联网 + 市场”模式，建立了畜产品网上交易平台和活畜流通交易市场，有重点地在不同区域建立统一的优质产品销售旗舰店，推进电商营销和农超对接、农批对接、直供直销等多种形式的产品销售，初步形成了网上网下的组合式销售平台。

3. 实施精品优质品牌战略。公司围绕打造精品、优质、绿色、安全畜产品生产基地的理念，推进良种繁育和本地畜种杂交改良，不断优化畜种结构、培育发展优势、提升畜种品质、放大生产经营效益；积极申报优势产品有机认证和产地商标，建立了全程产品可追溯系统和质量安全管理体系，重点打造品牌“蒲类草原”。坚持以市场为导向，瞄准高

端市场，实行个性化生产，先后开发出高档部位肉、冷冻保鲜肉、肥牛（羊）系列产品和各式清真熟食制品，形成了“系列化、层次化、多样化”的产品结构，为满足不同消费者需求、赢得更大市场份额提供了保障。

三是精准发力，发挥龙头企业的带动作用，促进贫困农牧民就业增收

按照“精准、详细、动态”的要求，健坤牧业与10多个乡场积极对接，深入细致地摸清建档立卡贫困劳动者状况，建立工作台账，积极开展用工与贫困劳动者的就业对接，稳步实施实用技能培训。与北京肉联中心、新疆畜科院、地区兽医局等单位达成技术服务协作，采取送出去，请进来的培训方式，努力使贫困务工人员安心就业、稳定就业。公司直接吸纳当地300余名农牧民实现稳定就业，其中贫困劳动力就业28人，平均工资达3300元/月。预计公司全面达产运行后可直接提供就业岗位800个，并间接拉动大批农牧民就业增收，为贫困农牧民就近参加技能培训、就近就业创造了条件。

作为一家国有企业，巴里坤健坤牧业在推进当地特色产业（畜牧养殖）扶贫、资产收益扶贫、就业促进扶贫、电商扶贫等方面发挥着积极作用，有效带动了当地农牧民增收致富，公司也成为了巴里坤县名副其实的产业化扶贫龙头企业。而除了健坤牧业这样的国有企业，民营企业在巴里坤县产业扶贫发展中同样发挥着不可替代的作用，泽西食品就是其中之一，企业采用“公司＋农民合作社＋基地＋农户”的扶贫模式，始终以吸纳当地农牧民就业和带动增收为己任，发挥着地区龙头企业扶贫的带动作用。

（二）泽西有机食品——农产品深加工带动当地农牧民增收致富

巴里坤县泽西有机食品有限公司成立于2006年8月，是一家以农畜产品深加工及天山野生资源开发为主的民营企业，注册资金460万元，主要从事野蘑菇、马铃薯粉条、豌豆粉条、腌制蔬菜、脱水菜、牛奶、肉、野生菜等有机食品的加工与销售，并开展进出口贸易。公司先后被巴里坤县工商局和私营个体企业协会授予“2008年度先进私营企业”称号；被哈密地区工商局和私营个体企业协会授予“文明诚信私营企业”称号；被哈密地区工商局授予“守合同、重信用”企业称号；被哈密地区农业产业化局授予“地区农业产业化龙头企业”称号；2014年荣获巴里坤县第三届绿色农副产品推介会铜奖。

2015年，该公司投资1200万元（其中自筹资金1000万元、贷款资金200万元）新建了年产3000吨马铃薯粉条（丝）的加工厂，厂区占地面积2.6万平方米，主要生产马铃薯水晶粉、韭叶粉皮、粉丝、西北大拉皮、方便粉丝等15个品种的产品，产品主要销往疆内外各大超市。泽西食品主要通过以下方式促进当地农牧民增收致富。

一是推动建立了马铃薯种植基地。2017年，泽西有机食品有限公司新建一座年产3000吨马铃薯淀粉的加工厂，通过流转土地建成4000亩马铃蔬种植基地，年加工处理马铃薯达到2.5万吨。该公司依托巴里坤县种植马铃薯得天独厚的优势，通过不断完善产业化经营模式，采取“公司+农民合作社+基地+农户”的发展模式，联合本地农牧民成立农民专业合作社，带动农牧民种植马铃薯，为公司发展马铃薯深加工提供了原料保证。

二是积极开展品牌化营销工作。该公司高度重视品牌建设和食品安全，

2015年注册了“石奶奶”商标，并将生产的马铃薯进行了有机绿色产品认证。每年积极参加以乌洽会（亚欧博览会）、广交会、西洽会、上海农博会等为主的各类农产品展销会，2017年在北京第八届农产品交易会上“石奶奶”系列产品获得金奖。积极开拓产品销售市场，逐步在疆内主要城市建立了长期稳定的销售渠道和网络，打造形成了“顺畅有序、配送灵活、保鲜供应、四季销售”的营销体系及电商服务。产品远销疆内外各大城市，受到广大消费者的一致好评，2018年产品销售收入达到400万元，产值达到70多万元。

三是推行“优势互补、合作共赢、风险共担、成果共享”理念。以吸纳当地农牧民就业和带动增收为主要责任，将有就业意愿的农户转变为企业产业工人，将有耕地和种植技术的农户吸纳为合作社社员，将农户和企业结成相互依存、共图发展的利益共同体。该形式不仅有利于保障企业原材料稳定供应，而且有利于促进农牧民观念意识的转变，促进农牧民增收致富。截至调研开展时，企业共带动500余户农牧民200多人在企业和基地务工，其中贫困户30人，月工资3500元左右。

巴里坤县通过农牧业产业化龙头企业为当地打下了脱贫摘帽的产业基础。无论是健坤牧业的建立，还是泽西食品的发展，都离不开明确的产业扶贫政策的制定和实施。根据因地制宜的原则，始终贯彻中央和地方的各级政策，巴里坤县因势利导、因人施策、因需取求，始终把精准产业促就业，发展壮大特色主导产业作为精准脱贫、持续增收的根本出路与重要举措。积极推进转方式、调结构，做大做强实体经济，发展新型工业化、农牧业现代化和以旅游业为主的第三产业。坚持“企业同管同扶同发展，产业就业双促进，项目支持拓门路、资金支持富民生”的思路，通过“政策集合、项目集中、资金集聚、措施集成”的组合拳，逐步形成了以产业带发展、促就业、保增长的长效机制。积极运用并形成了诸多有益的产业扶贫模式，扶贫“造血”功能逐步显现。

二、产业扶贫的政策保障体系

巴里坤县在深入贯彻习近平总书记关于扶贫开发系列重要讲话精神，全面落实中央及自治区党委扶贫开发工作会议、市委脱贫攻坚动员会议精神基础上，于2016年先后制定了《县委、县人民政府关于坚决打赢脱贫攻坚战的实施方案》（巴党发〔2016〕4号）和《自治县精准扶贫精准脱贫工作方案》，明确了下涝坝乡、八墙子乡、大河镇、大红柳乡村、海沿子乡、花园乡、黄土场、奎苏镇、萨尔乔克乡、石人子乡等重点乡镇具体精准脱贫工作，制定了《自治县脱贫攻坚“十大专项行动”“八项工作机制”实施方案》，其中包括了特色产业带动专项行动实施方案、转移就业专项行动实施方案、金融助推扶贫专项行动实施方案等。制定了《巴里坤县电商扶贫工作实施方案》《扶贫生产畜管理办法》《巩固提升任务分工方案》《自治县就业创业联席会议机制》《巴里坤县扶贫开发资金项目管理办法》。此外，哈密地区也制定和出台了多项涉及产业方面的扶贫行动方案和指导意见，如《哈密地区实施转移就业提升完善工程专项行动方案》《民营企业“百企帮百村”精准扶贫专项行动方案》《哈密地区电商精准扶贫实施方案》《哈密地区金融扶贫创新试点工作指导意见》《哈密地区2015年政策性农业保险实施方案》等。上述政策文件、行动方案与指导意见等均为巴里坤县推进产业扶贫提供了具体行动指南。

表2-1　近年来巴里坤县涉及产业扶贫的有关政策文件及相关内容

颁布时间	颁布部门	政策文件名称	有关产业扶贫的内容
2016.02.23	县委、县人民政府	《县委、县人民政府关于坚决打赢脱贫攻坚战的实施方案》	实施特色产业带动专项行动，紧贴贫困乡村实际，制定特色产业发展规划，重点支持贫困村、贫困户发展生态绿色种养业、农村服务业和农产品加工业，更加突出产业扶贫的支撑作用，促进贫困人口通过发展生产和就地就近转移就业
2016.03.26	县脱贫攻坚领导小组	《自治县县乡村精准扶贫精准脱贫工作方案》	把实施“五个一批”工程作为实现贫困人口脱贫的基本路径，通过发展生产和转移就业、生态补偿、发展教育、医疗救助、低保兜底等一系列措施，确保2016年实现减贫2192户7703人，贫困人口人均可支配收入达到3200元以上，人均可支配收入增长幅度高于全县人均增长幅度，稳定实现贫困人口“两不愁三保障”
2016.03.26	县脱贫攻坚领导小组	《自治县脱贫攻坚“十大专项行动”“八项工作机制”实施方案》	自治县脱贫攻坚特色产业带动专项行动实施方案：调整产业结构实现增收脱贫、依托项目发展养殖业实现增收脱贫、依托农产品加工企业实现增收脱贫、发展旅游产业实现增收脱贫、发展劳务经济帮助贫困人口就地转移增收脱贫、依托金融扶持实现增收脱贫
2017.09.14	县商务和信息化委员会	《巴里坤县电商扶贫工作实施方案》	加强电商扶贫试点示范；加快电商扶贫服务体系建设；加强农畜特产网络商品生产供应；促进电商扶贫人才培养；加强电商扶贫基础设施建设；提升电子商务应用水平

资料来源：巴里坤县人民政府网，http://www.xjblk.gov.cn/

附 件

我国涉及产业扶贫的有关政策文件及其相关内容（2011.1—2019.1）

出台时间	出台部门	政策文件名称	有关产业扶贫的内容
2011.12.01	中共中央国务院	《中国农村扶贫开发纲要（2011—2020年）》	到2015年，力争实现1户1项增收项目。到2020年，初步构建特色支柱产业体系。充分发挥贫困地区生态环境和自然资源优势，推广先进实用技术，培植壮大特色支柱产业，推进旅游扶贫。促进产业结构调整，通过扶贫龙头企业、农民专业合作社和互助资金组织，带动和帮助贫困农户发展生产。引导和支持企业到贫困地区投资兴业，带动贫困农户增收
2015.11.03	中共中央国务院	《中共中央关于制定国民经济和社会发展第十三个五年规划的建议》	实施脱贫攻坚工程。实施精准扶贫、精准脱贫，因人因地施策，提高扶贫实效。分类扶持贫困家庭，对有劳动能力的支持发展特色产业和转移就业
2015.11.29	中共中央国务院	《中共中央国务院关于打赢脱贫攻坚战的决定》	发展特色产业脱贫。制定贫困地区特色产业发展规划。出台专项政策，统筹使用涉农资金，重点支持贫困村、贫困户因地制宜发展种养业和传统手工业等。实施贫困村"一村一品"产业推进行动，扶持建设一批贫困人口参与度高的特色农业基地。加强贫困地区农民合作社和龙头企业培育，发挥其对贫困人口的组织和带动作用，强化其与贫困户的利益联结机制。支持贫困地区发展农产品加工业，加快一二三产业融合发展，让贫困户更多分享农业全产业链和价值链增值收益。加大对贫困地区农产品品牌推介营销支持力度。依托贫困地区特有的自然人文资源，深入实施乡村旅游扶贫工程

（续表）

出台时间	出台部门	政策文件名称	有关产业扶贫的内容
2015.12.31	中共中央国务院	《关于落实发展新理念加快农业现代化实现全面小康目标的若干意见》	实施脱贫攻坚工程。实施精准扶贫、精准脱贫，因人因地施策，分类扶持贫困家庭，坚决打赢脱贫攻坚战。通过产业扶持、转移就业、易地搬迁等措施解决 5000 万左右贫困人口脱贫
2016.05	农业部、国家发展改革委、财政部、中国人民银行等九部委	《贫困地区发展特色产业促进精准脱贫指导意见》	一是科学确定特色产业；二是促进一二三产业融合发展；三是发挥新型经营主体带动作用；四是完善利益联结机制；五是增强产业支撑保障能力；六是加大产业扶贫投入力度；七是创新金融扶持机制；八是加大保险支持力度
2016.08.11	国家旅游局、国家发展改革委等十二部委	《乡村旅游扶贫工程行动方案》	“十三五”期间，力争通过发展乡村旅游带动全国 25 个省（区、市）2.26 万个建档立卡贫困村、230 万贫困户、747 万贫困人口实现脱贫
2016.09.30	国务院办公厅	《贫困地区水电矿产资源开发资产收益扶贫改革试点方案》	坚持精准扶贫、精准脱贫基本方略，以保障农村集体经济组织合法权益为中心，以增加贫困人口资产性收益为目标，以改革试点为突破口，以严格保护生态环境为前提，发挥资源优势，创新贫困地区水电、矿产资源开发占用农村集体土地补偿方式，探索建立集体股权参与项目分红的资产收益扶贫长效机制，走出一条资源开发与脱贫攻坚有机结合的新路子，实现贫困人口共享资源开发成果

（续表）

出台时间	出台部门	政策文件名称	有关产业扶贫的内容
2016.11.23	国务院	《“十三五”脱贫攻坚规划》	立足贫困地区资源禀赋，以市场为导向，充分发挥农民合作组织、龙头企业等市场主体作用，建立健全产业到户到人的精准扶持机制，每个贫困县建成一批脱贫带动能力强的特色产业，每个贫困乡、村形成特色拳头产品，贫困人口劳动技能得到提升，贫困户经营性、财产性收入稳定增加
2016.12.31	中共中央国务院	《关于深入推进农业供给侧结构性改革加快培育农业农村发展新动能的若干意见》	优化产品产业结构，着力推进农业提质增效；推行绿色生产方式，增强农业可持续发展能力；壮大新产业新业态，拓展农业产业链价值链；强化科技创新驱动，引领现代农业加快发展；补齐农业农村短板，夯实农村共享发展基础
2018.06.15	中共中央国务院	《中共中央国务院关于打赢脱贫攻坚战三年行动的指导意见》	加大产业扶贫力度。深入实施贫困地区特色产业提升工程，因地制宜加快发展对贫困户增收带动作用明显的种植养殖业、林草业、农产品加工业、特色手工业、休闲农业和乡村旅游，积极培育和推广有市场、有品牌、有效益的特色产品……将产业扶贫纳入贫困县扶贫成效考核和党政一把手离任审计，引导各地发展长期稳定的脱贫产业项目
2018.12.30	国务院办公厅	《关于深入开展消费扶贫助力打赢脱贫攻坚战的指导意见》	大力实施消费扶贫，有利于动员社会各界扩大贫困地区产品和服务消费，调动贫困人口依靠自身努力实现脱贫致富的积极性，促进贫困人口稳定脱贫和贫困地区产业持续发展

资料来源：中华人民共和国中央人民政府网，http://www.gov.cn/

三、产业扶贫措施与解读

（一）因地制宜选产业，推动“造血式”扶贫

脱贫攻坚最持久的支撑是产业发展。立足县域产业发展基础，依托优势资源，以市场为导向，以脱贫、富民、生态为产业发展的基本目标，以就业促进和资源优势转换为核心，转变经济发展方式，激发扶贫对象内生动力，提升自我发展能力。

表 2-2　巴里坤县“一村一品”式产业扶贫情况

依托企业	实施乡镇	重点产业
天山神驼等驼奶加工园	黄土场开发区、萨尔乔克乡、下涝坝乡、大红柳峡乡	奶驼养殖
花麒奶业等驴奶加工园	大河镇、花园乡	奶驴养殖
健坤牧业等	海子沿乡、三塘湖镇、奎苏镇	生产母羊养殖
圣野食用菌等加工产业园	海子沿乡、萨尔乔克乡	食用菌产业
泽西食品、农丰园等蔬菜种植园	石人子乡、大河镇	露地蔬菜
新地土特产开发园区	三塘湖镇	辣椒
—	山南开发区	林果业
三塘湖工业园	三塘湖镇	煤矿、煤电产业

依托当地各企业发展优势，巴里坤县因地制宜，开展了“一村一品”式产业扶贫。依托天山神驼等驼奶加工园的建设与发展，在黄土场开发区、

萨尔乔克乡、下涝坝乡、大红柳峡乡等地重点发展奶驼特色养殖业；依托花麒奶业等驴奶加工园区在大河镇、花园乡重点发展奶驴特色养殖业；依托圣野食用菌等加工产业园区在海子沿乡、萨尔乔克乡重点发展食用菌种植产业；依托泽西有机食品、农丰园等蔬菜种植园区在石人子乡、大河镇重点发展露地蔬菜种植；依托新地土特产开发园区在三塘湖镇重点发展辣椒种植；在山南开发区重点发展林果业；依托三塘湖工业园区，加快推进三塘湖综合能源基地建设；在重点推进煤矿、煤电与煤炭深加工、新能源开发等重大项目建设。

1. 特色养殖业

立足当地丰富的饲草和独特的资源优势，巴里坤县引导当地农牧民发展肉羊、肉牛、奶驼、奶驴、禽类、水貂、水产等特色养殖产业，做大做强“密作”区域公共品牌——“蒲类草原”牛羊肉。依托健坤牧业、花麒奶业、神驼乳业、金驴科技等特色农畜产品深加工产业链延伸企业，调整优化畜牧业产业结构，强化政府政策扶持、资金引导、技术推广等措施，培育养殖大户，推广标准化养殖和品种改良技术，扩大养殖规模、降低养殖成本、提高养殖效益。探索建立“园区集中养殖、农户适度养殖、企业技术指导、统一经营管理”的特色养殖业发展模式，提升农牧民在规模化发展上的参与度，让更多农牧民享受到产业发展链条上的增值收益。在发展特色养殖业过程中，巴里坤县十分注重农牧户养殖观念的转变。作为全国三个哈萨克自治县之一，哈萨克族人口占全县总人口的35.8%，该民族最早以游牧为主。但由于巴里坤县冬季时间漫长，供暖期长达七个月，冬季实行放牧，尽管牛羊有饲草吃，但也仅是维持生存，不能长膘，卖价低。基于此，巴里坤县开始积极转变农牧民养殖观念，鼓励农牧民采用夏季放牧、冬季圈养（舍弃放牧）的养殖方式增加养殖收入。当然冬季圈养就必须有足够的草料，巴里坤县对此也出台了包括苜蓿、玉米等饲草种植在内的一系列优惠政策，从根本上解决了牲畜冬季圈养的饲料难题，构建了科学养殖的良性循环。

2. 露地蔬菜产业

巴里坤县积极推进建设无公害蔬菜生产基地和标准化生产综合园区，调整优化蔬菜品种结构，扩大露地蔬菜种植规模，建立起了稳定的良种繁育基地。积极引进、扩繁、推广适合当地气候和适宜加工、适销对路的优良蔬菜品种，提升蔬菜种植比较效益。鼓励脱贫群众种植露地蔬菜，培育露地蔬菜种植合作社和企业，推行"合作组织建基地带农户"的模式，由合作社牵头建设蔬菜种植基地，脱贫群众以土地流转或资金入股形式加入合作社，建立稳定的资产性收益分红机制，带动脱贫群众稳定增收。

3. 食用菌产业

基于气候、效益、环保、就业、政策、辐射带动方面的优势（见表2-3），食用菌产业已经成为巴里坤县一项重要的扶贫产业。巴里坤县积极实行食用菌产业化经营，采用"企业 + 合作社 + 基地 + 农户"的经营管理模式，积极培育有实力的科技型、加工型龙头企业和合作社，如巴里坤县圣野食用菌专业合作社、七仙菇食用菌专业合作社等。利用合作社的聚集和辐射功能，形成风险共担、利益共享的产业经营体系。同时利用财扶资金为脱贫户修建种植大棚，由企业和合作社直接为脱贫户提供高质量的菌种、菌料和种植技术服务，实行统一原料供应、统一生产标准、统一技术指导、统一产品质量、统一加工销售，带动脱贫群众种植食用菌。此外，还积极推进食用菌菌种繁育基地的建立，并依托财政扶贫项目，建立食用菌加工厂，食用菌产业已成为巴里坤县贫困农牧民脱贫增收的主导产业之一。

表 2–3　巴里坤县食用菌产业发展的优势

序号	比较优势	具体内容
1	气候优势	巴里坤县沿天山北坡一线，大部分地区属逆温带，气候特点冷凉，无霜期短，仅有 104 天，昼夜温差大，此环境条件下生产的食用菌产品干物质含量高，菇形好、菇朵大
2	效益优势	和其他日光温室瓜菜相比，食用菌生产具有投资少、成本低、劳动强度小、技术容易掌握等特点，当年投产即可见效，投入产出比为 1∶3~1∶5，最高可达 1∶10 以上，比较效益远高于其他作物的比较效益，且适合巴里坤县农业与农村发展实际，贫困农牧民也易于接受
3	环保优势	食用菌产业是一个典型的可渗透、可融合、绿色互动的环保产业，完全符合新农村建设、美丽乡村建设的基本要求
4	就业优势	食用菌产业具有劳动密集型和资源密集型的行业优势，可有效吸纳农村剩余劳动力
5	政策优势	巴里坤县政府亦高度重视食用菌产业发展，出台了一系列食用菌产业发展的优惠政策，在水电路、棚室等基础设施建设及加工企业、市场拓展等各方面给予扶持
6	辐射优势	食用菌产业的发展还可促进贮藏、保藏加工、运输、销售和中介组织等多行业的发展，对于延伸产业链条，实现农民增收、农业增效意义重大

4. 农产品加工业

巩固、完善与提升健坤牧业、普升畜牧、花麒奶业、泽西食品、农丰园蔬菜、新地土特产、圣野食用菌、神驼乳业等 14 家农业产业化龙头企业发展质量和水平，延伸产业链、提高附加值，做精做优做强农业产业化。加大培育和引进尚处于空白领域的农业产业化企业和新型农村合作组织，推动水产品养殖产业发展，重点突出大蒜、奶酪、沙棘、小麦、酒类及特色面食等农副产品深加工项目。推动农产品加工企业与脱贫户建立稳定的产业带动关系，让贫困群众真正参与进来，有稳定的生产经营收入。

（二）因势利导育龙头，强化主体带动

培育壮大产业化龙头企业，加大政策扶持力度，鼓励和支持各类企业、农民合作社、种养殖大户、家庭农牧场发展壮大。通过龙头企业将千家万户的分散生产经营和千变万化的大市场连接起来，实现质量效益与总量规模“双提升”，形成龙头企业支撑、优势产业带动发展、规模化推进的现代农牧业发展新格局。积极探索完善“公司（合作社）+ 基地 + 农户”的发展模式，实施资产收益分红，土地流转、庭院经济等举措，引导贫困群众与龙头企业、专业合作社建立密切的利益联结关系，使绝大多数贫困家庭有一份持续稳定的工资性和资产收益分红收入，使贫困群众在发展生产中实现持续稳定增收。近年来，以做大做强畜牧业为着力点，巴里坤县已培育了 20 多家农牧业产业化龙头企业和 60 余家专业合作社，其中包括健坤牧业、花麒奶业、泽西食品、农丰园蔬菜、新地土特产、神驼乳业、金驴科技等，这些企业通过为贫困户提供就业岗位、协助他们发展生产等举措，帮助贫困户走上脱贫不返贫、致富有增收的道路。就业劳动力 2751 人，其中贫困劳动力 374 人，辐射带动 1 万余户，其中贫困户 1932 户。

以健坤牧业为例，由于巴里坤县是畜牧业大县，农牧民传统的“一家一户”分散经营已无法满足市场要求，面向全国、抱团发展成了巴里坤县畜牧发展的根本出路，在此背景下，健坤牧业应运而生。作为一家自治区级农业产业化和扶贫龙头企业，同时也是一家以良种繁育为主、现代化牛羊养殖育肥为辅，兼顾饲草料加工储存、牛羊屠宰、加工、销售的综合型

畜牧业公司，该公司在扶贫攻坚、稳定脱贫中发挥着重要的作用。公司始终坚持走农民产业化发展道路，采取“公司 + 合作社 + 农户”的运营模式，不仅实现了抱团发展，带动了巴里坤县农牧民全产业链增收，还让当地牛羊肉走上了全国市场。自 2016 年以来，该公司已与全县 1953 户贫困户签订了托养协议，每年分红一次，仅托养分红项目就可为每户脱贫户带来每年 1200 元的增收，还有效吸纳了当地贫困群众 110 人直接在建坤牧业公司的分割、冷链、屠宰、熟食、流水线上就业。建坤牧业直接对农牧民饲养的牛羊以市场价进行订单收购，已带动全县 5000 余户农牧民增收，扶持贫困户 1503 户，农村特困家庭 675 户，年发放资产入股收益 261.36 万元，提供稳定就业岗位 324 个，其中农牧民 160 人，年均增收 2 万余元。

作为民营企业的代表，花麒奶业集奶驴养殖、改良、推广和生产驴奶系列制品为一体，公司采取“公司 + 基地 + 合作社 + 农户”的运营模式，与农户建立稳定而紧密的利益联结机制，建立专门的技术服务部门对农户进行科学、现代化的养殖指导，做到“示范养殖、统一品种、统一饲料配方、统一疫病防治、统一喂养方式、统一技术管理、统一收购”。发起组建了奶驴养殖合作社，为养殖户提供奶驴、饲料，采用统一的采奶器收集驴奶，回收合作社农户的驴奶，让养殖户没有后顾之忧，有效调动了周边农户发展驴奶养殖的积极性，有效增加了农牧民收入。截至调研开展时，在奶源收购方面，花麒奶业在巴里坤县的花园乡、海子沿乡、大河镇等地已发展奶户、农民合作社 120 户，并在 2020 年底成立 20 多家以上的专业养殖合作社，帮助农牧民更好地稳固脱贫成效。

案例 2-1

新疆哈密地区巴里坤县花麒奶业有限责任公司成立于 2012 年 6 月 6 日，由中国驴奶开发第一人董茂林先生及其他股东共同投资组建。现已建成厂房3300平方米，无菌车间1000平方米，辅助生产设施办公室等3100平方米，库房1200平方米，会议室、展览室1200平方米，配套建筑围墙560米，硬化地坪10000平方米，厂区绿地1200平方米，具有国内领先水平的现代化奶粉生产线一条、高科技精密产品检验设施一套，整个工艺过程全部采用机械化、自动化控制，全线采用电加热、冷热缸、真空浓缩、低温喷粉，设计紧密、布局合理。主营业务包括开发、生产、销售驴奶粉、鲜驴奶、杏仁驴奶粉、红枣驴奶粉等系列乳制品。截至调研开展时，企业产销率达到100%，销售渠道主要是专卖店、保健品店和婴童店。通过招商手段，以地级市为单元，实行经销商独家代理的模式。除新疆外，在北京、上海、河南、湖南、四川等地均有销售。

2012年6月，由于花麒奶业的进驻导致原来被农户倒掉不用的驴奶变成了可以卖钱的“香饽饽”，很多农户开始重视养驴。母驴的收购价格，已经从2011年的每头不到1000元，蹿升至每头10000元。而驴奶的收购价格也水涨船高，从2012年的20元/千克上涨到30元/千克。截至调研开展时，已有昌隆、轩龙等专业养驴合作社8家。以昌隆养殖合作社为例，截至调研开展时，合作社共有社员114户，60%的社员养驴，所有养驴户均以脱产的方式在该农业合作社进行养殖，每户最多养殖4头驴。为了最大程度上保障农户的权益，合作社集体为养殖母驴进行了投保，在驴得病死亡后保险公司会全额补偿相关费用。每年合作社会为农户支付600元的费用，生产驴驹后会为农户支付300元。入股该合作社的90%的农户各占约1%的股份，入股方式主要分为技术入股和资金入股，每股1000元。每年合作社会将收入的60%用于分红，40% 作为公益金发展企业。现昌隆合作社共有 220 头母驴和 150 头驴驹。该合作社主要收入来源为向花麒奶业供应驴奶（占收入总额的 60%）以及自主销售驴奶（占收入总额的 40%）。相对于普通农户而言，合作社形式有利于提高养殖的专业化，将农户从日常的饲养劳作中解放出来，更有利于驴的成长；对于采购企业而言，合作社的形式能够给他们带来更多采购上的便利。

此外，巴里坤县圣野食用菌合作社也是一个很好例子。该合作社主要经营食用菌繁育、食用菌种植、贮藏和销售等，截至调研开展时，已在海子沿乡、黄土场开发区拥有 348 座食用菌种植大棚，主要种植香菇、圆菇、金针菇等，其已成为全疆最大规模的蘑菇种植基地。该合作社采取“合作社 + 基地 + 农牧户”的经营模式，农牧民以资金入股的形式加入合作社，年底合作社向每户分红 1500 元以上。同时，该合作基地还积极吸纳当地牧民务工，在巴里坤县全年 400 多名食用菌种植农牧民中就有 200 多名是在圣野食用菌种植专业合作社食用菌种植基地务工的，人均创收 1800 元/月，这也为当地农牧民增收带来了新途径。而对那些有意愿承包食用菌大棚进行种植的，该合作社还提供免费技术培训和指导，并在产前、产中、产后提供服务。截至调研开展时，巴里坤全县培育各类新型农牧民合作组织 297 家，从业人数达 600 余人，带动农户 1000 多户。

（三）金融扶贫解难题，确保资金支持

产业发展离不开金融的支持，金融扶贫是有效解决贫困群众发展产业、解决资金难题的重要手段，是产业扶贫乃至脱贫攻坚全过程的重要力量。对此，巴里坤县全面落实和用足用好中央、自治区、市委、县委金融助推产业扶贫政策，积极鼓励和引导商业性、政策性、开发性、合作性等

各类金融机构加大对产业扶贫开发的支持，探索形成“政府主导、财政支持、金融服务、市场运作”的产业扶贫新路径。推进金融助推产业扶贫攻坚专项行动，做好扶贫龙头企业、扶贫专业合作社贷款发放工作。截至调研开展时已发放贷款 2230 万元，包括向健坤牧业公司发放贷款 950 万元，向 11 家专业合作社发放贷款 1280 万元。2018 年，全面落实金融扶贫政策，投入资金 381.48 万元，实施金融扶贫贷款贴息项目，对扶贫龙头企业及扶贫专业合作社金融扶贫贷款给予贴息 200 万元。

四、产业扶贫成就

通过因地制宜选产业、因势利导育企业、因需取求扶项目、强化金融助推产业扶贫功能等做法，使得巴里坤县在 2017 年首次实现了贫困县摘帽，14 个重点贫困村退出，贫困综合发生率实现动态清零，初步具备特色产业规模，就业渠道打开，减贫事业发展如火如荼，诸多有益的产业扶贫模式有效促进了农牧民增收致富，产业扶贫溢出效应逐步显现。

（一）特色产业初具规模，推动就业促减贫

巴里坤县充分利用自身优势，积极推进特色产业发展，形成了具有一定规模的特色产业体系，有效地解决了当地贫困群众的就业问题，促进了减贫事业的发展。

1. 发展特色养殖业。巴里坤县为建档立卡贫困户发放扶贫生产母羊、奶驼、奶驴等生产牲畜 2.33 万头（只），并按照“公司（合作社）+ 基地 + 农户”的发展模式，引导贫困群众与龙头企业、专业合作社建立紧密型利益联结关系，采取土地流转、牲畜托养等方式进行资产收益分红。

2. 发展特色种植业，做大做强“宜禾绿坤”等名优蔬菜品牌。已种植

露地蔬菜 7000 余亩、马铃薯 7400 余亩、食葵 5000 余亩，培育露地蔬菜种植合作社和加工企业 20 余家，带动 95 户 338 余名贫困人口实现年人均增收 3200 元。

3. 发展食用菌产业。全县累计建成食用菌种植大棚 350 座，新建食用菌种植大棚 10 座，种植食用菌 45.7 万平方米，建成食用菌加工厂 1 座，年生产销售食用菌 4500 余吨，带动 160 户 560 名贫困人口实现年人均增收 2800 元。

4. 发展农产品加工业。逐渐构建了产业齐备、互为支撑、联动发展、效益明显的农牧业产业化体系。截至调研开展时，巴里坤县已有经认证的绿色农产品 3 个，有机农产品 9 个；三塘湖哈密瓜地理标志 1 个；正在认证的绿色农产品 7 个。全县农产品加工企业直接或间接带动 500 余户的 1800 余名贫困人口，户均实现增收 1 万余元。

（二）龙头企业带动，产业扶贫模式多样化

巴里坤县按照“既扶贫又扶志，产业扶贫多模式，脱贫增收多渠道”的扶贫思路，紧抓政策、项目、技术、资金、区位等倾斜优势，发挥龙头企业的带动作用，在扶贫攻坚的道路上走出了一条扎扎实实的巴里坤之路，形成了诸多有益的扶贫模式，有效地拓宽了农牧民增收致富的渠道。

巴里坤县鼓励与支持龙头企业、专业合作社参与扶贫开发工作，积极推进“公司 + 农户”、订单农业、“公司 + 农户 + 基地 + 市场”“公司 + 基地 + 农户”“合作社 + 基地 + 农户”的多种扶贫开发模式，实现区域化布局、规模化生产、集约化经营，建立了龙头企业与贫困户的利益联结机制，初步构建了村企合作、农户收益的产业扶贫新格局。以龙头企业带动，以强扶弱，通过保底收购、股份分红、利润返还、牲畜托养等形式，推动贫困户以土地或扶贫资金入股，把资源变资产、资金变股金、贫困户

变股民。在龙头企业扶贫带动中，主要通过以下三种方式发挥作用：一是通过采用“老师教＋学生学”的“公司＋农户”直接对接模式，龙头企业积极对接贫困农牧民，帮助他们参与牛、羊、驴、马等畜牧养殖产业，采用“借羊还羊”“借驴还驴”模式，促进农牧民增收。二是直接吸纳贫困农牧户入企务工，参与企业生产经营，直接解决当地农牧民就业问题。三是通过吸纳贫困户的扶贫贷款资金以及扶贫牲畜入股等方式给予贫困户年底分红，直接参与企业利润分配，该模式既解决了贫困户发展产业能力不足、规模不大、市场缺乏的窘境，又激发了贫困户的主人翁意识，很受贫困户的欢迎。

表2-4　花麒奶业扶贫奶驴资产收益情况

<table>
<tr><th>年份</th><th colspan="2">签订《贫困户财政扶贫资金资产收益合同》建档立卡贫困户数（户）</th><th>户均资产托管收益（元）</th><th>养殖分红总额（万元）</th></tr>
<tr><td rowspan="2">2016</td><td rowspan="2">322</td><td>花园乡 82</td><td rowspan="2">1200</td><td rowspan="2">38.64</td></tr>
<tr><td>八墙子乡 240</td></tr>
<tr><td rowspan="2">2017</td><td rowspan="2">124</td><td>花园乡 53</td><td rowspan="2">1200</td><td rowspan="2">14.88</td></tr>
<tr><td>八墙子乡 71</td></tr>
<tr><td rowspan="5">2018</td><td rowspan="5">158</td><td>石人子乡 42</td><td rowspan="5">1200</td><td rowspan="5">22.32</td></tr>
<tr><td>八墙子乡 78</td></tr>
<tr><td>大河镇 8</td></tr>
<tr><td>大红柳峡乡 20</td></tr>
<tr><td>花园乡 10</td></tr>
</table>

注：按照折股量化到户财政扶贫项目资金总额的12%计提资产托管收益

附件：积极巩固产业扶贫成果

到2020年，巴里坤完成了八墙子乡肉兔养殖、萨尔乔克乡种鸽养殖、奎苏镇家禽孵化养殖、花园乡头道河子村馕加工项目和巴彦德村、苏吉东村、尖山子村扶贫车间建设，扶持780户脱贫群众发展庭院经济，不断拓宽脱贫群众增收渠道。

健坤牧业、新地土特产、农丰园蔬菜、科赛德薯业等20家农产品加工企业不断发展壮大，52家专业合作社实现规范化经营管理，小麦、露地蔬菜和牛羊肉等主要农产品商品率达80%以上。

（三）产业脱贫步伐稳步走，溢出效益成效显

巴里坤县产业精准扶贫的系列实践与探索，除直接推动了当地产业发展和实现减贫外，还有效地促进了当地经济社会整体发展，增强了贫困群体主动脱贫的内生动力，提高了乡村治理水平，促进了当地民族融合，为巴里坤县乡村振兴发展打下了坚实的基础。

1. 推动了当地经济社会发展

随着一系列精准产业扶贫措施的实施与推进，巴里坤县实体经济逐渐做大做强，三次产业结构日趋合理，新型工业化、农牧业现代化和以旅游业为主的第三产业发展势头强劲，县域城乡可支配收入持续增加，农牧民收入结构不断优化，巴里坤县经济社会整体发展显著。统计数据显示，2017年，巴里坤县实现县域生产总值56.93亿元，同比增长12%，其中：第一产业为10.71亿元，同比增长3%；第二产业为29.5亿元，同比增长21%；第三产业为16.72亿元，同比增长5%。城乡人均可支配收入分别达到28830元、13190元，分别增长10%、12%。

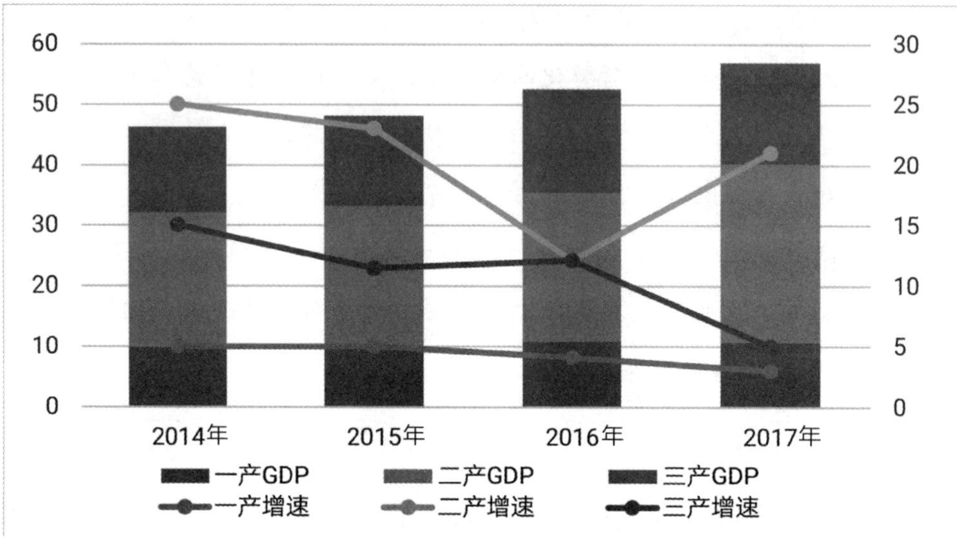

图 4　巴里坤县县域生产总值及增速情况 单位：亿元，%

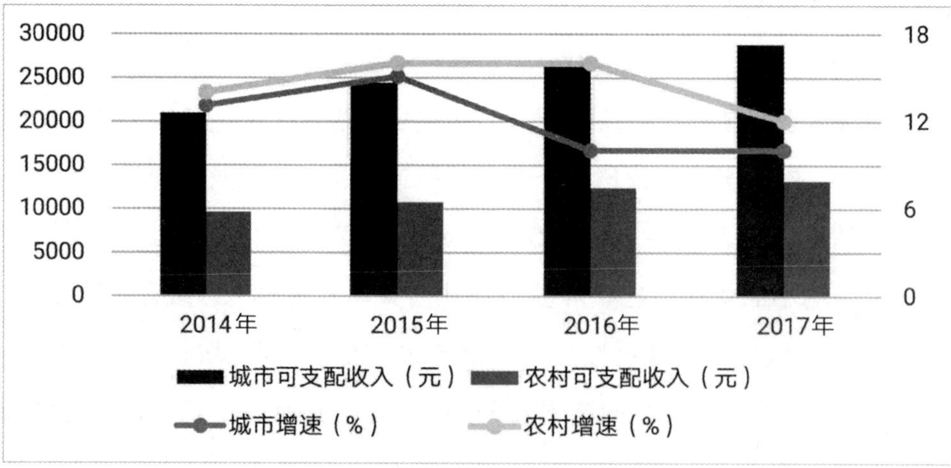

图 5　巴里坤县城乡可支配收入及增速情况

就三次产业结构而言，巴里坤县呈现“一产稳步提升、二产持续发展、三产快速发展”的合理态势。其中种植业结构更加优化，种植小麦25.46万亩、露地蔬菜2.02万亩（中草药0.44万亩）、马铃薯1.48万亩、饲草料3.74万亩、食用菌39万平方米，形成了一批特色突出、优势明显、效益良好的农业生产基地。新型经营主体稳健发展，农业产业化组织达到625家，农丰园、圣野等5家专业合作社获得国家“农民合作社示范社”称号。龙头企业引领带动能力增强，20余家农产品深加工企业发展质量和效益不断提升，健坤牧业熟食加工项目全面投产，中华鲟、虾类、蟹类等水产品养殖效益初显，健坤牧业、金康圣源、金驴生物科技3家企业取得SC认证。品牌化建设成果丰硕，16种农牧产品获得“三品一标”认证，“蒲类草原”牛羊肉、“宜禾绿坤”蔬菜、“花麒”奶制品、“圣野万通”食用菌等一批具有地方特色和优势的名优品牌知名度不断提升。

2. 增强了贫困群众主动脱贫的内生动力

扶贫先扶志，通过开展产业扶贫工作，巴里坤县贫困农牧民的思想观念得到了极大改变，内生动力充分激发，勤劳治贫、勤劳致富的观念不断增强，“我能行”的主体意识日益牢固，自力更生、艰苦奋斗的信心和决心逐渐形成，依靠自身努力主动作为、主动发展、主动脱贫的内心愿望更加强烈。务工就业、自主创业、发展生产、当家理财的能力增强，逐步实现了扶贫由“输血型”向自我发展、自我积累、自我脱贫的“造血型”的持续发展转变，以产业带民富，以民富兴乡村，以乡村快发展、早致富推美丽乡村、城乡一体化发展。

3. 为乡村振兴打下了坚实基础

产业扶贫助力乡村振兴。乡村振兴，摆脱贫困是前提，产业兴旺是重点。近年来，巴里坤县坚持稳中求进的工作总基调，坚持农业农村优先发展，按照“产业兴旺、生态宜居、乡风文明、治理有效、生活富裕”的总要求，以农业供给侧结构性改革为主线，坚持一产上水平，推动了农牧业提质增效和农牧民持续增收。扎实推进脱贫攻坚与乡村振兴有效衔接，巴里坤县以提升组织力为重点，围绕建设善治乡村，强化县级功能，突出乡镇作用，建强村级组织，统筹各方力量，引导贫困户参与产业发展，激发农业农村的内部活力，有效带动贫困群众脱贫致富，村级集体经济的壮大。同时，为有序推进产业扶贫，巴里坤县不断建立健全党委领导、政府负责、社会协同、公众参与、法治保障的现代乡村社会治理体制，实施乡村振兴战略的凝聚力不断增强。

五、产业扶贫经验的启示与思考

（一）巴里坤县产业扶贫经验启示

1. 精准施策出实效，因地制宜是关键

产业扶贫并非简单的发展产业、提供就业，更重要的是找出“贫根”，点穴治病，对症下药，贵在精准。坚持问题导向，把“特色”与“精准”贯穿产业扶贫始终，加快发展优势特色产业。巴里坤县注重培养农牧业产业化龙头企业，引导贫困群众与龙头企业建立紧密型利益联结关系，以要素合作、生产协作、劳务服务等形式参与农业产业化发展，让贫困群众参与分享生产、加工、销售等产业链条上的增值收益，带动贫困农牧民在发展中持续稳定增收。未来巴里坤县还应继续发挥本区域资源、区位、交通、劳动力、市场、技术等方面的优势，推进特色优势产业，突出“一村一品”，壮大具有区域特色的主导产品，加快传统农业和畜牧业向特色化、专业化、商品化、生态化农业和畜牧业转化。加快新型工业化、农牧业现代化以及以旅游业为主的第三产业发展。积极整合上下游产业，推进特色产业链的形成，最大限度地盘活当地资源优势，立足巴里坤县农牧民人口现状与自身发展能力，因户因人制宜、分类施策、靶向发力，使更多农牧民实现就业增收，达到脱贫巩固、致富增收的目的。

2. 多方主体聚合力，扶贫扶志两相宜

在产业扶贫过程中，树立“精准扶贫”“扶贫扶志”的观念至关重要。单一依靠贫困户自身、政府政策扶持或一味灌输式扶贫都难以实现长久稳定脱贫。相反，政府、企业、专业合作社、特色产业、农村经纪人、农牧民群众等都应成为贫困主体脱贫致富的主推力，都应参与到扶贫开发工作中。调动社会各界参与扶贫攻坚的积极性，多方主体聚合力，其中最为关键的还在于贫困主体自身的思想脱贫，扶贫扶志需相宜，这点在巴里坤县扶贫案例中得到了充分验证。未来，巴里坤县应继续发挥政府在产业规划、项目资金支持、基地整合、政策宣传等方面的主导作用，积极发挥健坤牧业、花麒奶业、泽西食品等龙头企业的带动作用，鼓励专业合作社、农村经纪人、脱贫群体多方发挥作用，引导贫困群体与龙头企业、专业合作社等建立紧密的利益联结机制，不断健全完善资产收益扶贫、产业合作经营、共建产业链、劳务协作等脱贫增收机制，帮助巴里坤县农牧民稳定获得订单生产收益、劳动务工收益、政策扶持收益、资产分红收益、入股分红收益等，坚持尊重农牧民自身意愿和生产经营自主权，发挥贫困群众的主体作用，强化贫困主体的主人翁与自我发展意识，使贫困户增收由被动变主动，由“输血”变“造血”，激发脱贫攻坚内生动力，突出解决好“精神脱贫”这个核心问题，推进巴里坤县产业扶贫之路越走越宽，越走越好。

3. 特色产业助发展，科学技术是支撑

习近平总书记曾指出：“农业出路在现代化，农业现代化关键在科技进步。”产业扶贫方面，特色产业发展是重要抓手，而科学技术则是产业发展助推脱贫致富的重要支撑。“授人以鱼不如授人以渔”，基于此，巴里坤县始终发挥科技引领作用，着力推进“一户一科技明白人”工程，通过牲畜品种改良、新品种开发、先进实用型技术普及推广等科技服务手段，逐渐引领巴里坤县走出了一条资源高效可利用、技术支持有保障的产业扶贫之路，用强大的科技动力支撑巴里坤县畜牧养殖业、农产品加工业、食用菌产业等经营水平走向了一个新的台阶，既充分发挥了科技服务产业发展的强大功能，更有效提升了农牧户自我发展意识，强化了脱贫致富的信心与动力。

4. 多方机制共推进，党的领导是前提

习近平总书记强调："越是进行脱贫攻坚战，越是要加强和改善党的领导。"打赢脱贫攻坚战，必须按照中央统筹、省负总责、市县抓落实的管理机制和"工作到村、扶贫到户"的工作机制，建立健全协调有序、高效运转、联动有力、确保落实的多方保障机制，首要前提在于坚持和强化党对脱贫攻坚工作的领导。近年来巴里坤县走出了一条"党建引领、组织推动、党员干部示范"的脱贫之路，坚持"产业项目推到哪里，党组织建设就跟进到哪里"的产业扶贫之路，牢固树立政治意识、大局意识、核心意识、看齐意识，注重发挥党的政治优势、组织优势和密切联系群众的优势，并注重把党组织的政治引领和企业的市场优势结合起来，发挥县委总揽全局、协调各方和"一线指挥部"的作用，发挥乡镇党委领导的核心作用，村党组织的坚强战斗堡垒作用、村第一书记和驻村干部的帮带作用以及共产党员的先锋模范作用。在产业扶贫层面，加强党的领导，就要在县、乡、村各级层面建立专门的产业扶贫领导班子，遵循"一个产业、一个规划、一个领导、一个班子、一套人马"的思路，建立健全产业化扶贫工作机制。突出党建引领，全面深化和拓展县、乡、村三级联动领导体制和上下贯通的工作机制，落实脱贫攻坚责任制，建立建强贫困村党组织，培养素质过硬的脱贫攻坚干部队伍，做好产业脱贫攻坚风险防范工作等，推动脱贫攻坚与乡村振兴无缝对接。

（二）巴里坤县产业扶贫经验思考

1. 以产业扶贫促脱贫，构建益贫机制

一是以产业扶贫促脱贫。打赢脱贫攻坚战必须要充分发挥产业扶贫的带动作用，其要义就是要特别注重产业扶贫项目的益贫性。然而，在扶贫脱贫实践中，产业扶贫面临的环境较为复杂，以往有的扶贫项目被人诟病的原因之一就是扶贫项目“帮富不帮穷”现象，这种扶贫项目的逻辑需要在新一轮产业扶贫项目过程中予以高度重视，巴里坤县亦是如此。首先，注重产业扶贫项目的精准性。一方面是产业选择的精准性，根据当地特色和产业特点确定差异化的扶贫产业，确保产业扶贫项目始终将核心放在脱贫上。另一方面，产业扶贫要重点向贫困村和贫困户倾向，科学合理确定符合贫困乡、贫困村和贫困户实际情况的产业项目，发挥产业扶贫项目的益贫性，不给贫困户参与产业项目设置不合理门槛，减少产业扶贫资金的溢出。其次，注重产业扶贫项目的参与性。只有更充分、更广泛的调动贫困户、村干部、新型经营主体等各方主体在产业扶贫项目中的积极性和主动性，才能让产业扶贫项目顺利运行，才能提高产业扶贫项目的扶贫效益和企业发展效益，尤其不可忽视贫困户参与的积极性，避免产业扶贫项目“不扶贫还伤农”现象的出现。

二是创新带贫益贫机制。彻底打赢“脱贫攻贫”的硬仗，发展益贫产业是增强贫困户“造血”功能、激生内生动力的不二法宝。把握精准要义，在建立健全益贫带贫机制上下足功夫，产业扶贫和依托产业脱贫的“路子”才会越走越宽、越来越活。顺应新形势下扶贫脱贫要求，深化产业扶贫模式，因时、因地、因企、因户选择相应的全产业链利益联结方式，探索建立具有当地特色和产业特点的带贫益贫机制，拓宽贫困户受益渠道，让贫困户在产业链上增收致富。同时，始终将是否有利于贫困户脱贫作为产业扶贫考核的重要依据，严防产业扶贫项目资金被挪用或套取，确保产业扶贫项目的承当主体应承当起相应的社会责任，实现企业和贫困户共赢。

2. 产业扶贫应树立市场经济思维、特色思维和互联网思维

一是树立市场经济思维。产业扶贫项目多是由政府通过“有形之手”的扶持和引导来开展的，难免会存在“一哄而上”“盲目上马”“照搬照抄”的项目，完全没有考虑当地的资源禀赋和市场规律，其经济社会效益不容乐观。如，一些项目或者产品没有遵循市场规律，没有进行市场调研，对市场前景研判较少，致使所选择的扶贫产业项目趋同。产业具有鲜明的市场性，其成长、壮大离不开市场。产业扶贫属于“造血式”扶贫，需要阻断贫困发生的动因。推进产业扶贫应以市场为导向，认真做好市场调研，科学分析产品供需状况，进行可行性论证，把产业扶贫项目的市场做实、做细、做好，增强扶贫产业发展的可预见性，激发贫困户从事扶贫产业的自发性和动力，带动贫困户增收，扶贫才能可持续发展。

二是树立特色思维和互联网思维。产业扶贫以贫困群体增收为目标，在遵循市场经济规律的同时，要立足当地特色资源，因时因宜、因人因宜，找到市场和资源的契合点，选择具有比较优势的本地特色产业，在产品特色、质量、宣传等方面狠下功夫，努力做大做强，突出产品特色，培育规模化、有竞争力的产业链产业，唯有如此，才能生产出具有市场竞争力的产品，才能在激烈的市场竞争中脱颖而出，才能增加贫困户收入。同时，依托“互联网 +”对接资源和市场，把产业扶贫与互联网结合起来，主动对接市场需求，衔接好产品与市场之间的关系，建立和畅通与市场需求之间的信息渠道，及时掌握市场供求信息，对于潜在的市场风险做到早提醒、早预防，有效管控经营风险，在遵循市场规律的前提下利用互联网思维助力脱贫致富，实现多方互利共赢。

3. 产业扶贫应考虑长效增收机制，警惕扶贫产业同质化倾向

产业扶贫是脱贫攻坚的重要抓手，可以帮助贫困地区解决生存和发展问题，实践效果显著，是脱贫的必由之路。而产业培育需要一个过程，更需要有前瞻性、科学性的规划，需要根据当地的自然禀赋、自然条件及市场情况，合理确定产业发展方向与产业扶贫内容。但是在扶贫工作的实践中，却存在产业蜂拥而至、跟风现象、“扎堆”竞争的现象，没有特色和区别，同质化现象严重，考虑长效增收机制也是脱贫攻坚道路上要克服的一个难题。事实上，产业扶贫必须遵循市场规律和自然规律，引进产业时不能超出当地发展实际和贫困户能力范畴，在科学的调查研究和分析判断的基础上，做到因地制宜、精准施策，做好产业规划，走出一条引领地方经济发展的特色产业道路。否则，不仅会浪费宝贵的扶贫资金，还会挫伤贫困群体的脱贫信心。

4. 深化体制机制创新，探索扶贫开发新路径

结合贫困村实际、资源条件和产业发展现状，充分尊重群众思想，评选符合村情民意、产品适合市场需求的产业扶贫项目。通过选定项目对接可靠的农业龙头企业，重点围绕高效种植业、特色养殖业等优势产业，延伸产业链条，开展农产品初精深加工，实现农村特色产业向规模化、专业化、品牌化扩张，促进农产品提档升级。亟须改善单一、分散、短期的产业扶贫方式，打破农户发展资金短缺的瓶颈，将贫困村资金互助社纳入产业链条，按照“龙头企业 + 村级专业合作社 + 扶贫互助社 + 基地 + 农户”的模式，村企联建，户联基地，全力打造“一村一品”的区域化、特色化、规模化产业扶贫基地。利用保底分红、利润分红、产品回收等措施，充分调动贫困户的发展愿望和激情，激发贫困群众的参与性和主动性，实行参与式产业化扶贫。

习近平总书记曾指出，“产业要适应发展需要，因地制宜、创新完善”。

在精准扶贫的大环境下，因地制宜的扶贫产业将发挥更为重要的作用。在巴里坤县，尤其是在自然条件较差的区域，要根据当地自然禀赋、自然条件及市场需求的情况，聚焦精准，用好差异性思维，可采用小众化、灵活多样的方式，充分调动贫困户的自主选择性，积极探索有当地特色的项目，着力延伸产业链，提高产品附加值，让发展具有多样性，让项目具有丰富性，满足市场不同需求，这样脱贫才更具活力和生命力，才有可持续性和前瞻性。同时，积极探索建立扶贫产业项目市场监测预警机制，对产业扶贫项目的生产、需求、库存、行情、成本等进行动态监测，对可能存在的市场风险进行预警，提前为生产经营者和政府提供决策参考，最大限度地减少风险损失和影响。

第三章　旅游促就业增加农牧民收入

一个健康向上的民族，就应该鼓励劳动、鼓励就业、鼓励靠自己的努力养活家庭，服务社会，贡献国家。要改进工作方式方法，改变简单给钱、给物、给牛羊的做法，多采用生产奖补、劳务补助、以工代赈等机制，不大包大揽，不包办代替，教育和引导广大群众用自己的辛勤劳动实现脱贫致富。

——习近平《在深度贫困地区脱贫攻坚座谈会上的讲话》（2017 年 6 月 23 日）

劳动就业是增加贫困群众收入最为直接的方式，这也是精准扶贫所带来的“整态化”的必然结果之一。巴里坤县不仅通过特色产业的构建带来了大量劳动就业岗位，还通过旅游、创业、电商等方式充分带动了当地的就业。特别是巴里坤县有着丰富的旅游资源，通过县委县政府有效的组织和打造，巴里坤县已经逐步成为了新疆北部的一张靓丽的名片。当地的群众也在融入旅游经济的同时增加了收入。

一、今朝巴里坤

（一）巴里坤湖的“羊的士”和小木屋

在巴里坤湖周边的居民，每年六月到八月的生活会变得格外多姿多彩，居马拜克·马尔旦早上九点半左右从家里出发，踏上去巴里坤湖景区小木屋的柏油路。一路上，牛羊的叫声让他感到踏实，草原上的鸟叫清脆动听，湛蓝的巴里坤湖宁静地躺在绿色的草原上，野花盛开，远山如黛。多少次回想以前巴里坤湖的景象，他依然有一种不太真实的感觉，现在像在梦中。

以前，巴里坤湖与旅游完全没有关系。湖边到处是垃圾和牛羊粪便，脏乱不堪。苍蝇嗡嗡乱叫，低头吃草的老牛不停地用尾巴拍打着蚊子。四周除了牛羊的叫声，就是风声。越走近巴里坤湖，空气中弥漫的腥臭味越浓。

居马拜克·马尔旦以放牧为生，他的羊、别人的羊，羊群漫卷着他全部的生活。手中的牧羊鞭送走了飞雪，迎来了风雨，寒暑交替，转眼他已经年过半百了，但日子却过得像盐碱滩，贫瘠而又荒凉。大部分日子里，每天一壶奶茶，就着馕饼，单调得就像他的牧羊生活。最让他头疼的是过"托仪"，手头的拮据，心中的尴尬，让他有一种说不出的难受。牧羊生活还馈赠给他另一个"礼物"：关节炎。每次腿疼的时候，他只能默默忍受，就像忍受生活的贫穷一样。

随着精准扶贫的开展，为了改善牧民的生活，提高牧民的生活质量，县旅游局、海子沿乡政府开始打造巴里坤湖景区，他从小生活的地方变得几乎认不出来了：湖边的垃圾被清理得干干净净，宽阔的木栈道将村子和巴里坤湖连接起来，湖边的白天鹅雕塑让景区多了几分神话世界的意境。十几座古香古色的小木屋环绕在宽敞整洁的停车场南边，停车场西边搭建了一些凉棚，提供给当地牧民做生意。再往西，几十顶白色的哈萨克毡房，构成了一片牧家乐群落，为游人提供吃住玩乐各项服务。北边与牧家乐隔一条马路的，是哈萨克骑手招揽生意的地方。政府搭建起这方平台，免去了小木屋、摊点、毡房的房租、水费和电费，鼓励贫困群众走出传统的放牧生活，搭旅游的顺风车，用自己的双手和头脑脱贫致富。

2015 年 7 月，巴里坤湖景区在旅游旺季之前打造完成，居马拜克·马尔旦则踩着旅游旺季的尾巴赚了一笔收入。景区建成后，游人渐渐增多。他和帮扶干部李秀英商量了许久，想用自己的那只山羊，套车拉游客观光挣钱。打定主意后，尽管已经接近巴里坤旅游旺季的尾声，他还是为自己的那只健壮的山羊量身打造了一辆特殊的“羊的士”，装扮漂亮后出工了。

那是一次擦出火花的尝试，他仅仅出工五天，结果意想不到的好，他挣了 400 多元钱。可惜的是，天气很快凉了起来，游人也没了踪影，他的生意也只做了五天。

生意歇下了，居马拜克·马尔旦却来劲了。他只恨“出车”的时间太短，就把满腔的力气用在了做“羊的士”上，一口气做了四辆车，分别卖给了木垒哈萨克自治县、甘肃省阿克塞哈萨克自治县的牧民，平均每辆车卖出了 2500 元钱。

就在居马拜克·马尔旦牵着自己的“羊的士”干得正欢的时候，2017 年，关节炎开始和他较劲，他腿疼得厉害，不能走路，牵不成“羊的士”了。这时的巴里坤湖旅游景区更红火了，每年都有大量的游客前来旅游，年平均接待游客超过 10 万人，在景区做生意的 260 户牧民每年仅在旅游旺季每户平均至少能增收 1 万元。看着来来往往的游客，居马拜克·马尔旦羡慕之余，忍痛割爱，将自己的“羊的士”卖了 2500 元钱，又一次歇业。

有一天，他的帮扶干部李秀英对他说：现在的社会发展很快，政府提供了这么优厚的条件，应该换一种想法，你尝试一下开商店做生意。一年就三个月的旅游旺季，不耽误其他事，还可以增加一笔收入。

居马拜克·马尔旦听了既新奇，又紧张，他放了大半辈子羊，大字不识几个，开商店行吗？抱着试一试的想法，他向政府申请了一座在巴里坤湖旅游景区的小木屋，摆上自家制作的酸奶、奶疙瘩等，又购进了一些民族刺绣品、雪糕、各种小工艺品，成了一名小商人。

他很快做成了第一笔生意。紧接着第二笔、第三笔……，居马拜克・马尔旦游刃有余地接待着各方游客，还时不时说上几句俏皮话，逗得游客哈哈大笑，谁也不知道眼前的这位黝黑的哈萨克族汉子曾经把商品的价格都记得乱七八糟。从2015年开始，靠着自己的“羊的士”和政府扶持的这座小木屋，居马拜克・马尔旦平均每年能增收一万多元。

（二）高家湖的新生

巴里坤哈萨克自治县石人子乡高家湖村是一个处于湿地环境的小村庄。以前的高家湖村是巴里坤县数得着的贫困村之一，坑坑洼洼的泥巴路、破破烂烂的土坯房，谁家姑娘都不愿意嫁过来。

现在，白雪覆盖的高家湖景区在阳光下闪闪发亮，一户连着一户的农家乐门前，家家挂着大红灯笼和彩旗。“冬季来的游客尽管没有夏季那么多，但巴里坤也闲不住，时不时有外地游客来巴里坤高家湖，点名要吃巴里坤的特色美食，像羊肉焖饼子、土鸡炖蘑菇，还有冬至饭都特别受欢迎。”村民安绪银说。安绪银夫妇在自家院子里加盖了一排彩板房，用于经营农家乐，这会儿夫妇二人正忙着打扫房间。“从这个月26日开始，以后每个星期六，巴里坤县高家湖村都要接待80名河南游客，政府办成了这么好的事，巴里坤一定得打起十二分的精神来，让游客在巴里坤县高家湖吃好、玩好。”安绪银说。高家湖湿地景区接待中心负责人赵建强说安绪银夫妇所说的“好事”，是哈密市旅游局与河南省旅游局协调实施的“援疆”号包机冬季游哈密活动。哈密市冰雪文化旅游节暨巴里坤哈萨克自治县第十四届冰雪文化旅游节，将于当年12月28日开幕，巴里坤县各景区早早就开始着手准备。这几日，高家湖景区的所有农家乐经营户都忙着打扫房间、制订食谱、采购食材。提起过去，安绪银感慨万千，“高家湖村地处湿地，过去村民们建的土坯房地势低、地基松软，不时就会坍塌，夏天屋里下小雨，冬天屋里飘小雪，出去一脚牛粪一脚泥，一家仅有几亩地，收成也不好，村里好多年轻人到外面找出路，把土地流转出去了。我结婚后租种了三四百亩地，但是挣的钱都盖房子了。我前前后后盖了4次房子，每次住不到10年地基就塌陷了。直到2015年，村里整村推进，政府统一规划，另选了土质最好的地方修建安居富民房，又在原址上建了湿地景区，铺了油路、装了路灯。现在住的房子自己只掏了两万多元，还有3万元的无息贷款。你看，地基这么牢实，要让我自己盖，最少要花20万元才能盖起来。”安绪银说。

到2018年，安绪银夫妇不仅经营农家乐，在高家湖二渠水库景点养了一些冷水鱼，还添置了一些儿童游乐设施。随着高家湖湿地景区的名气越来越大，收益也越来越好。安绪银算了一笔账：一年来他家经营农家乐赢利15万元，经营儿童游乐设施赢利5万元，销售冷水鱼赢利3万元。不出村就能挣到这么多钱，这在过去是想也不敢想的。“就在昨天，巴里坤一次接待了50多名河南游客。明年不种麦子了，打算把地都租出去，专心干景区的事情。”安绪银说。

近年来，巴里坤县发展乡村游，利用“旅游+生态”等模式，不断提升乡村旅游水平。目前，高家湖景区实施完成了一期、二期项目，计划实施三期项目。项目投资完成后，将会形成一个完整的旅游文化产业链，包括农耕文化、草原文化和饮食文化。高家湖村已有15户家庭开办了农家乐，30多户人家利用奶牛、鱼塘发展第三产业。

高家湖湿地景区负责人赵建强在高家湖村当过几十年的书记和村委会主任，见证了高家湖的发展变化。他介绍说，安居富民房和景区建好后，吸引了大批游客，以前不好卖的牛奶好卖了，自家制作的酸奶供不应求，自家养的牛、羊、土鸡、冷水鱼全都很走俏。“现在高家湖的人均收入早就超过万元，这样翻天覆地的变化，如果不是亲身经历，真是不敢相信。巴里坤要继续沿着乡村旅游这个思路发展下去，真正将‘绿水青山’变成

‘金山银山’。巴里坤老百姓的幸福感去哪找呢？就在这里！”[①]

近年来，巴里坤县利用丰富的旅游资源，将“安居富民”“定居兴牧”和插花安置等工程紧密结合，并以当地的特色民族风情为基础，坚持与农牧民的生产生活习惯、民俗风情、文化底蕴相结合，不断加大对农牧家乐的扶持力度，为当地农牧民探索出一条增收致富的新路子。

巴里坤湖和高家湖翻天覆地的变化是巴里坤县旅游富民的一面镜子。巴里坤县历史悠久，自然和人文旅游资源丰富，通过富民政策，旅游的红利已惠及越来越多的巴里坤百姓。

附件：巴里坤哈萨克自治县旅游资源简介

巴里坤哈萨克自治县是新疆维吾尔自治区哈密市下辖自治县，先后被自治区命名为历史文化名城、旅游强县，2018 年被评为“自治区全域旅游示范区”之一。全县现有国家 AAAA 级景区 1 处（巴里坤古城景区）、国家 AA 级景区 1 处（怪石山）、星级酒店 3 家、农牧家乐经营户近 70 家（星级农家乐 25 家）、旅行社 1 家，县域住宿最大接待能力达 4800 人 / 天，餐饮最大接待能力达 1.8 万人 / 次。巴里坤县地处新疆东北部，东邻伊吾县，南接伊州区，西毗木垒哈萨克自治县，北与蒙古国接壤，是全国三个哈萨克自治县之一。

巴里坤县地势东南高，西北低，地形大体可以分为高中山地、盆地、戈壁荒漠、草原湿地类。地形特征是“三山夹两盆”，有“新疆缩影”之称。属温带大陆性冷凉干旱气候区，平均海拔 1650 米，冬季严寒，夏季凉爽，光照充足，四季不分明。巴里坤县农牧资

① 马志娟：《从湿地穷村到旅游胜地——巴里坤县石人子乡高家湖村旅游发展小记》，《哈密日报》2018 年 12 月 23 日。

源、风能、光能资源丰富。其中三塘湖区域属新疆九大风区之一，也是全国日照时数最多的地区之一。

巴里坤县历史悠久，3000多年前就有建置记载。巴里坤县自古就有“蒲类国”“万驼县”“三大商都”“八大名城”的美誉，是古丝绸之路新北道进入新疆的要道。全县有国家重点文物保护单位1处、自治区重点文物保护单位11处、县级文物保护单位139处。巴里坤的“新疆曲子”列入第二批国家级非物质文化遗产扩展项目名录、“巴里坤汉族民间故事”“哈萨克族动物模拟舞阿尤毕”等13个项目被列入自治区级非物质文化遗产保护项目名录。风景名胜有天山松雪、镜泉宿月、黑沟藏春、百川西流、沙山藏营等。人文景观遍布全县，有近1300年历史的国家重点文物保护单位大河唐城、3000年历史的自治区重点文物保护单位兰州湾子古遗址群和2007年全国十大考古新发现之一的东黑沟古遗址、200多年历史的自治区重点文物保护单位、新疆保存最完整的土夯汉满两城和新疆最大的古庙宇群落地藏寺、仙姑庙，有分布全县的唐代、清代烽火台78座，有自治区重点保护的东汉年间的任尚碑、国内现存的珍贵汉碑——裴岑纪功碑和数以万计的岩画等。自然风光独具特色，有全国四大鸣沙山之一的巴里坤鸣沙山、新疆三大草原之一的巴里坤草原以及新疆有名的怪石山和巴里坤湖等。巴里坤县地处交通要道，自古以来一直是兵家必争之地，因此也修建了当初为驻守而生的古城，催生了古城墙、庙宇、古民居等大规模的建筑。建于雍正和乾隆年间距今有200多年历史的汉城和满城是东疆的门户、丝绸之路重镇、草原明珠、历史文化名城。

二、旅游扶贫的政策保障体系

巴里坤县委县政府十分重视旅游经济的富民作用，在历年的政府报告中，都将发展特色生态旅游作为脱贫增收的重要手段。《巴里坤县 2015 年度扶贫开发工作汇报》中，在转变发展方式，着力推进产业扶贫进程部分提到了坚持多元化开发，支持重点村发展特色生态旅游和民族文化旅游及农村二三产业发展，全县纳入旅游扶贫规划的重点村有 6 个，已建设完成头道河子村哈萨克风情园、尖山子巴里坤湖草原生态旅游区一期工程，发展农牧家乐 40 余家，贫困人口旅游从业人员达 90 多人。

《2016 年巴里坤县脱贫攻坚工作汇报》中，在精准施策，下好“药方”部分提到了扶持发展乡村旅游业，结合美丽乡村建设，开发建设巴里坤湖、高家湖湿地等景区，举办杏花节、玫瑰花节、哈萨克民族风情节、蒙古族敖包节等以自然生态观光、民族文化展示、民俗风情体验、休闲度假养生为主的系列文化旅游活动，创优了乡村旅游发展环境，扶持贫困农牧民发展个体自营、联户经营等多种形式的农（牧）家乐 30 余家，带动 138 户 485 名贫困人口实现年人均增收 3000 元。

《2017 年脱贫攻坚巩固提升工作汇报》中提到整合资源，全面推进十大专项行动脱贫攻坚巩固提升工程，其中特色产业带动专项行动方面，按照“一乡一业或多业，一村一品或多品”的产业培育目标，紧贴贫困乡村实际，培育特色优势产业。通过产业扶贫项目带动，预计可实现收入 190.8 万元，人均可实现收入 2477 元。投入资金 2500 万元，完成了海子沿乡尖山子村巴里坤湖景区、花园乡头道河子村草原生态旅游景区游客接待中心、木栈道以及旅游厕所等基础设施配套工程。

以历年的工作为基础，在 2018 年、2019 年深化打造具有巴里坤特色的旅游产业。《巴里坤县脱贫攻坚巩固提升工作规划（2017—2020 年）》中，强调以全域旅游主导发展，强化乡村旅游在脱贫攻坚中的重要作用。结合乡村振兴战略，全力进行环境综合整治，积极开发生态观光农业、健康养生、休闲度假、民俗体验等特色旅游产品，促进农牧民增收致富。以海子沿乡、花园乡、石人子乡为重点，通过现有景区的提升建设，打造自治区级乡村旅游示范点，形成示范带动效应。

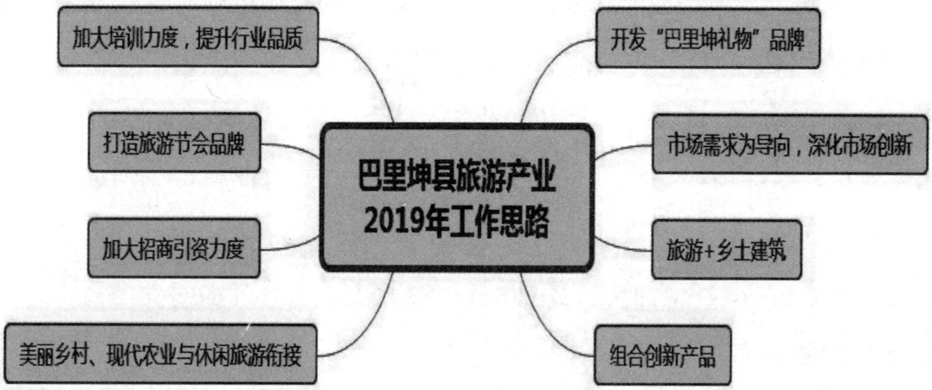

图 3-1 巴里坤县旅游产业 2019 年工作思路

1. 以市场需求为导向，扩大乡村旅游经济增量。借助丝绸之路考古工作站，与西北大学文化遗产学院联手开展石人子村、海子沿村公众考古。保护展示地处大河镇干渠村的古唐城，让附近村民早日受益。开发做足农村乡贤文化，举办农事体验、草原夏令营。

2. 实施“旅游 + 乡土建筑”策略。为延长游客在巴里坤的逗留时间，提高游客的满意度和人均消费额度，规划以明清建筑文化为元素的乡土建筑，对有条件的乡村加大乡土建筑保护力度，进行立面改造，提升乡土建筑文化品位。

3. 整合旅游资源，组合创新产品，不断推出历史文化体验产品、度假休闲产品、生态旅游产品。提升石人子沟古遗址、岳公台—西黑沟古遗址、大河唐城、大河镇老油坊、古民居、地藏寺、仙姑庙、汉满双城、清代粮仓、婚庆文化园、松峰书院、文博园的历史文化厚重感，着力打造高家湖湿地景区、巴里坤湖景区、怪石山景区、西黑沟景区生态品质，打造昌家庄子村，山南开发区、兰州湾子村、卡子湖村、头道河子村等特色乡村旅游品牌。通过特色深度游，让游客在巴里坤放慢脚步。

4. 实施乡村振兴战略，发展乡村旅游，促进美丽乡村、现代农业与休闲旅游的衔接。依托303省道，在沿线建造三处农业观景区，让游客在旅途中体验巴里坤农耕文化。借助农业生产优势，在三塘湖打造苦豆蜜瓜村、红辣椒村、西红柿村。将昌家庄子打造为草原新型牧业村、兰州湾子打造为农家饮食村。迁移韩家庄子村拌合站，整治村庄环境，试点开办5家家庭牧场。旅游旺季开通前往巴里坤湖、兰州湾子、望海水库、怪石山、高家湖景区的旅游观光班车。

5. 深化市场创新，加大招商引资力度。以高家湖村、昌家庄子村、良种场为试点，用租赁或征用的方式收储一定数量的农房向市场招商，引进民宿投资人，开发特色民宿等深度体验系列产品。

6. 开发“巴里坤礼物”品牌。在开发传统农产品的同时，开展“巴里坤礼物”的创意设计。在有条件的乡村开办油坊、醋坊、豆腐坊、馍馍店等手工作坊。鼓励农牧民利用芨芨草、柳条等编制水果篮、扫把、垃圾桶、座墩等生活用品。

7. 打造旅游节会品牌。继续办好巴里坤“一节一会”，根据不同季节，鼓励乡镇场区举办各类节庆活动和集市贸易活动，如巴里坤高家湖湿地风情节、巴里坤美食节、巴里坤年货节、巴里坤秋收节等，不断提升巴里坤县旅游的知晓度和美誉度。

8. 加大培训力度，提升行业品质。将旅游扶贫培训和旅游人才培训纳入全县教育培训计划，与疆内外旅游高等院校建立人才培训合作计划。

三、旅游扶贫措施与解读

近年来，巴里坤县坚持把发展壮大特色主导产业作为精准脱贫的根本出路和重要举措，牢固树立“五大发展理念”，积极推进转方式、调结构，做大做强实体经济，发展新型工业化、农牧业现代化和以旅游业为主的第三产业，着力发展较为完善的主导产业，带动农牧民就业，促进农牧民增收，努力使各族群众生活得更幸福、更和谐、更美好。

第三产业是拉动经济转型升级的强大引擎，加快发展以旅游业为主的第三产业，为打赢脱贫攻坚战提供了强大的发展动力。巴里坤县以特色旅游业为抓手，发展交通物流业和各类服务业，加快形成互为支撑、联动发展的第三产业，促进贫困农牧民增收致富。做大做强特色旅游业，把旅游产业作为调结构、促就业、惠民生的战略支柱产业和重要的富民产业，围绕创建国家“全域旅游示范区”和古城AAAAA级景区的目标，集中力量推进历史文化旅游、自然生态旅游、民俗风情旅游、冰雪文化旅游、现代农业和工业观光旅游“五种旅游业态”，发展点线面互通互联、周身一体的大旅游。

旅游景区带动脱贫：引导有一定劳动能力的贫困人员到景区打工，让他们由面朝黄土背朝天的农民变成服务员、司机、维修工等，实现了贫困农牧民就近就业；旅游创业带动脱贫：发展特色乡村旅游，重点打造“一乡一品”特色乡村节庆品牌，将花园乡兰州湾子、昌家庄子、海子沿乡尖山子、石人子乡高家湖、三塘湖中湖村等一批旅游资源丰富的村庄，打造成为农业观光、民俗体验、休闲度假的乡村旅游示范村，通过发展乡村旅游业，带动贫困人口实现增收；旅游商品带动脱贫；积极推动旅游停车场、旅游咨询服务中心、旅游商店建设，鼓励贫困农牧民发展手工艺品、旅游纪念品、土特产等的经营，进而实现旅游收入，推动早日脱贫。通过以上措施的实施，使旅游业真正成为增加农民就业、提高农民收入、推动贫困农牧民脱贫的重要产业。发展特色旅游扶贫产业，结合自治县创建“国家全域旅游示范区”的契机，加快脱贫乡村旅游基础设施建设，加强重点村负责人、乡村旅游带头人、旅游从业人员的经营管理和服务技能培训，加大乡村旅游线路、旅游产品、特色农副产品等的宣传推介力度。通过金融扶贫贷款等政策，鼓励脱贫群众发展农牧家乐和乡村旅游服务业，立足自然资源和区位优势，完善海子沿乡尖山子村、石人子乡高家湖村、花园乡兰州湾子、大红柳峡乡昌家庄子等乡村旅游景区的景点基础设施建设，积极引进先进的经营管理方式，不断提升旅游发展效益，确保脱贫人口实现稳脱贫、可持续、能致富。

全国扶贫开发工作提出要推进的十项工程中有一项就是旅游扶贫工程。巴里坤县巩固提升脱贫攻坚成果实施方案（试行）中提到，精准实施优势产业增收，坚持“因地制宜、区别对待、一户一策”的原则，立足重点乡（镇）、村（组）优势产业、主导产业和特色产品，以市场为导向，充分发挥“龙头企业”和各类专业合作社等市场主体的作用，更大范围拉动贫困群众脱贫增收。①

1. 转变方式，从景区旅游向全域旅游发展

探索从景区旅游向全域旅游发展，转变旅游发展思路，变革旅游发展模式，创新旅游发展战略，加快旅游发展。按照“全域景观化、景区内外环境一体化、市场秩序规范化、旅游服务精细化”的目标，推进旅游与其

---

① 资料来源：巴里坤县脱贫攻坚领导小组办公室：《巴里坤县脱贫攻坚政策汇编（四）》，2017年3月。

他相关产业的融合，通过旅游业带动乃至统领县域经济社会发展，将巴里坤县打造成一个功能完整的旅游目的地，实现景点内外一体化，实现空间全景化的系统旅游。

以点带面，创建全域旅游示范区。巴里坤县以其悠久的历史文化和丰富的旅游资源积极打造AAAAA级古城景区，以点带面推动全域旅游发展，全力推进旅游业与农业、林业、水务、体育、文化等行业的全面融合发展，实现区域资源有机整合，不断提升各景区景点品质，丰富旅游产品，优化全域旅游空间格局，着力把旅游产业培育成富民强县的支柱产业，让各族群众饱享旅游大餐，通过旅游业带动其他产业发展，逐步实现旅游业全域共建、全域共融、全域共享。

2. 科学定位，引领旅游产业跨越式发展

坚持高标准、高起点规划，从“县域经济跨越发展的动力产业、国民经济新兴支柱产业、生态文化建设载体产业、改善民生城乡统筹的和谐产业”的角度定位旅游业，制定《巴里坤县“十三五”期间文化发展规划纲要》《关于以现代文化引领“文化巴里坤”建设的意见》等文化事业发展中长期规划，编制《巴里坤旅游产业发展总体规划》《巴里坤草原生态旅游景区修建性详规》和《巴里坤怪石山旅游景区修建性详规》等专项规划。实施乡村振兴战略，发展乡村旅游，促进美丽乡村、现代农业与休闲旅游相衔接。

3. 整合资源，实现旅游规模壮大式发展

启动实施“11345”文化旅游产业建设，即，一个中心：将巴里坤县城打造成区域旅游集散中心；一条旅游文化长廊：把303省道（丝绸之路新北道）打造成巴里坤境内一条景色独特、内涵丰富的文化旅游走廊；三大旅游板块：天山板块、草原板块、戈壁板块；四种文化：农耕、草原、生态、历史文化；五种旅游业态：以古城、烽燧、庙宇、古遗址群等人文景观为主的历史文化游；以草原、雪山、湖泊、森林、戈壁等自然风光为主的生态旅游；以民俗风情为主的特色旅游；以冰雪艺术、冰雪运动、冰雪观光为主的冬季旅游；以现代农牧业、新型工业化为主的观光旅游。

整合旅游资源，组合创新产品，不断推出历史文化体验产品、度假休闲产品、生态旅游产品。提升石人子沟古遗址、岳公台－西黑沟古遗址、大河唐城、大河镇老油坊、古民居、地藏寺、仙姑庙、汉满双城、清代粮仓、婚庆文化园、松峰书院、文博园的历史文化厚重感，打造高家湖湿地景区、巴里坤湖景区、怪石山景区、西黑沟景区生态品质，打造昌家庄子村，山南开发区、兰州湾子村、卡子湖村、头道河子村等特色乡村旅游品牌，通过特色深度游，让游客在巴里坤放慢脚步。

4. 生态旅游，发展和带动扶贫帮困的好推手

巴里坤县努力将和谐稳定美丽乡村建设和旅游开发有机结合，根据自身资源特色，开发并创新多样化的乡村旅游体验活动，不仅让疆内外游客有了休闲度假的好去处，也让当地农牧民实现了增收致富。

巴里坤县抓住实施乡村振兴战略的机遇，按照“产业兴旺、生态宜居、乡风文明、治理有效、生活富裕”的总要求，发挥产业基础和本地优势，着力推进乡村旅游发展，壮大发展集体经济，塑造乡村文明新风，努力打造精品旅游区，吸引众多游客前来旅游观光。同时，促进农村一二三产业融合发展，支持和鼓励农民就业创业，拓宽增收渠道。坚持以特色旅游业为抓手，发展交通物流业和各类服务业，推动各产业互为支撑、联动发展，提升特色旅游业发展水平。

5. 多种形式，发展农牧家乐带动村民增收脱贫

巴里坤县利用丰富的旅游资源，将“安居富民”“定居兴牧”和插花安置等工程紧密结合，并以当地的特色民族风情为基础，坚持与农牧民的生产生活习惯、民俗风情、文化底蕴相结合，不断加大对农牧家乐的扶持力度，为当地农牧民探索出一条增收致富的新路子。

6. 交叉培训，提高乡村旅游工作质量

加大培训力度，提升行业品质。将旅游扶贫培训和旅游人才培训纳入全县教育培训计划，与疆内外旅游高等院校建立人才培训合作计划。

7. 集中打造，形成品牌效应

开发“巴里坤礼物”品牌，打造旅游节会品牌。根据全县的资源空间布局，整合、包装巴里坤汉满两城、清代粮仓、松峰书院、蒲类大观园等旅游资源，充分展现巴里坤古城景区的地域、民族特色，体现汉文化、草原文化，并将其打造成为疆内外知名的休闲度假旅游胜地和巴里坤旅游服务集散地。依托独特的湖泊、草原、森林资源，着力打造集生态旅游、哈萨克民族文化与美食展示为一体，兼顾自驾游和湖光山色、草原最佳摄影基地的巴里坤湖草原生态旅游区；打造集休闲度假、森林探险于一体的东天山国家森林公园西黑沟景区。依托三塘湖综合能源基地建设，探索发展工业旅游，打造三塘湖工业观光、戈壁寻宝探险、边境旅游区。

8. 以文促旅，实现文化资源的多元化

实施“旅游 + 乡土建筑”策略。巴里坤县古称蒲类国，是古丝绸之路北新道进入新疆的要道，是新疆汉文化的母源地。挖掘文化资源，以丰富的历史文化、民族文化、草原文化、遗址文化、庙宇文化等为依托，打造具有巴里坤特色的文化精品。高标准、高水平举办每年一届的巴里坤冬季冰雪文化旅游节、夏季丝路文化旅游观光会和哈萨克传统体育运动会等大型文化活动以及专场演出活动，有力带动了文化产业及相关产业的发展。同时，积极做好文化遗产和非物质文化遗产的保护，着力抓好遗址和各级重点文物保护单位的修缮和利用工作，推进文化旅游事业发展上档次、上水平。

9. 辐射带动，旅游业态富民共赢

积极挖掘旅游资源，延伸产业链条，坚持走旅游助农增收的发展道路。

充分利用乡村旅游资源，加快乡村旅游发展。以建设“美丽乡村”为依托，以石人子乡韩家庄子村、高家湖村、三塘湖镇中湖村、海子沿乡尖山子村、花园乡兰州湾子村、大红柳峡乡昌家庄子村为重点，集中打造了集餐饮、住宿、观光、疗养、娱乐、休闲为一体的蒙古族、哈萨克族民俗特色村和汉民俗体验村，并举办富有本地特色的节庆活动，促进乡村旅游产业持续发展，加快农牧民脱贫增收。

10. 全面融合，实现了经济社会全域发展

加强公共服务设施建设，高标准推进旅游厕所、生态停车场、旅游环线、旅游接待中心等基础设施建设。突出抓好旅游综合服务能力建设，加大对旅游基础设施的投入，加快景区（点）、宾馆酒店、农牧家乐等服务行业的管理，推动旅游产业规范化、标准化发展。积极发展“旅游＋产业”，鼓励企业和民间通过多种方式投资开发和设计、生产、销售富有巴里坤县地方特色的旅游商品，使吃、住、行、游、购、娱为一体的综合产业配套体系逐步成型。

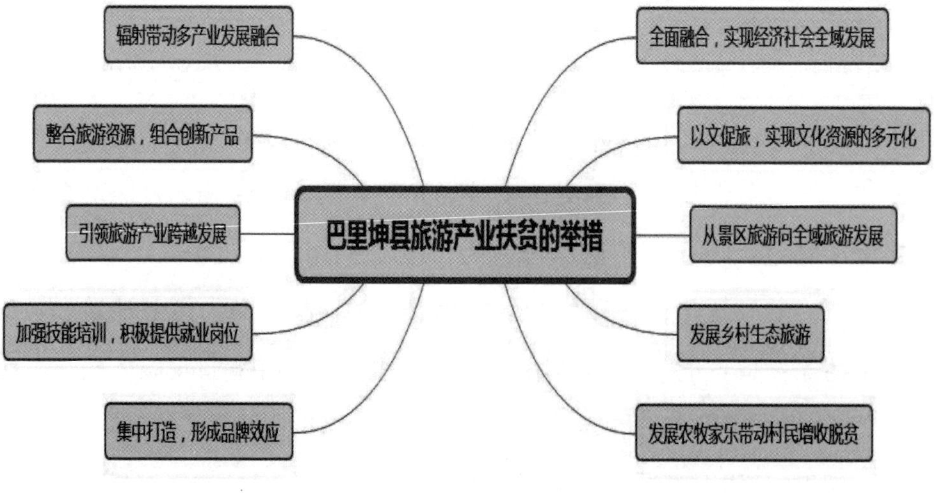

图 3-2　巴里坤县旅游扶贫的举措

四、旅游扶贫成就

（一）强化全域理念，构建多节点“大景区”格局

近年来，巴里坤县依托自身的自然资源和人文景观，推动“景点旅游”向“全域旅游”转变。通过脱贫攻坚期间的打造，巴里坤县2018年被评为“自治区全域旅游示范区”之一。

全县现有国家AAAA级景区1处（巴里坤古城景区）、国家AA级景区1处（怪石山）、星级酒店3家、农牧家乐经营户近70家（星级农家乐25家）；旅行社1家。县域住宿最大接待能力达4800人/天，餐饮最大接待能力达1.8万人/次。2016年，全县共接待游客100.4万人，同比增长24%，实现社会收入2.23亿元，同比增长26%。2017年，接待人数120万人次，同比增长20%，实现社会收入2.7亿元，同比增长21%。2018年，共接待游客143.7万人次，同比增长21%，实现社会收入3.44亿元，同比增长26%（见图3–3和图3–4）。

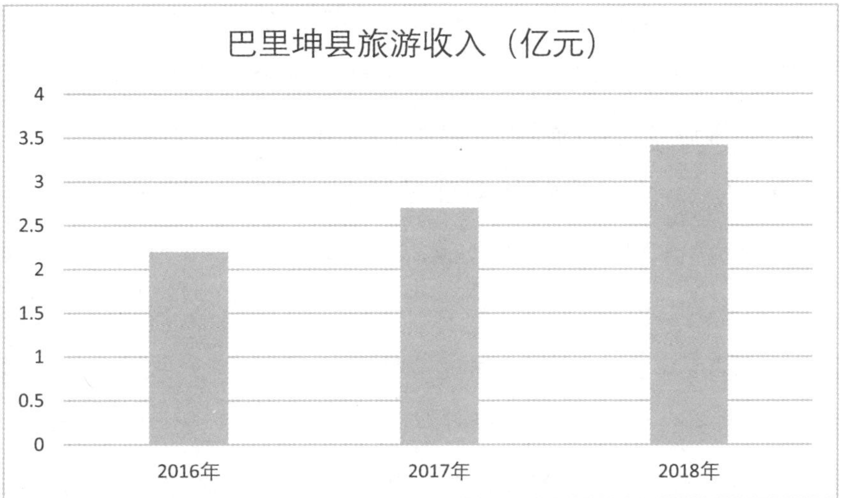

图3–3　2016—2018年巴里坤县旅游收入

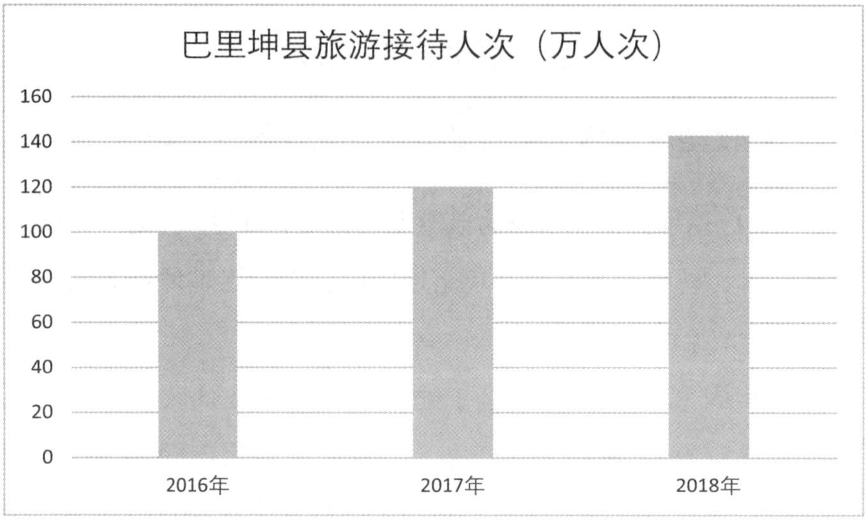

图 3-4 2016—2018 年巴里坤县旅游接待人次

以“十一”黄金周为例，据巴里坤县旅游局统计，2018 年“十一”黄金周期间，巴里坤县共接待游客 18813 人次，同比增长 21%，旅游社会总收入 440.8 万元，同比增长 23%，一批批旅游团、自驾游游客、散客络绎不绝，2018 年以自驾游为主，尤其家庭自驾车出游总量增大，自驾车旅游在假日期间持续升温。2012—2016 年“十一”黄金周期间巴里坤县旅游收入和接待，呈现逐年增长的状况（见图 3–5 和图 3–6）。

2012 年“十一”黄金周期间巴里坤县共接待游客 16114 人次，与去年黄金周旅游人数持平，实现旅游社会总收入 286 万元，同比增长 21%。2012 年，巴里坤县共有大中型宾馆、各类旅馆 30 多家，全县日接待能力达 2000 多人，客房出租率显著提高，游客人数占入住人数的 80%左右。2013 年“十一”黄金周期间巴里坤县共接待游客 21266 人次，同比增长 31%，实现旅游社会总收入 425 万元，同比增长 48%。2014 年“十一”黄金周期间巴里坤县共接待游客 25000 人次，同比增长 17.8%，

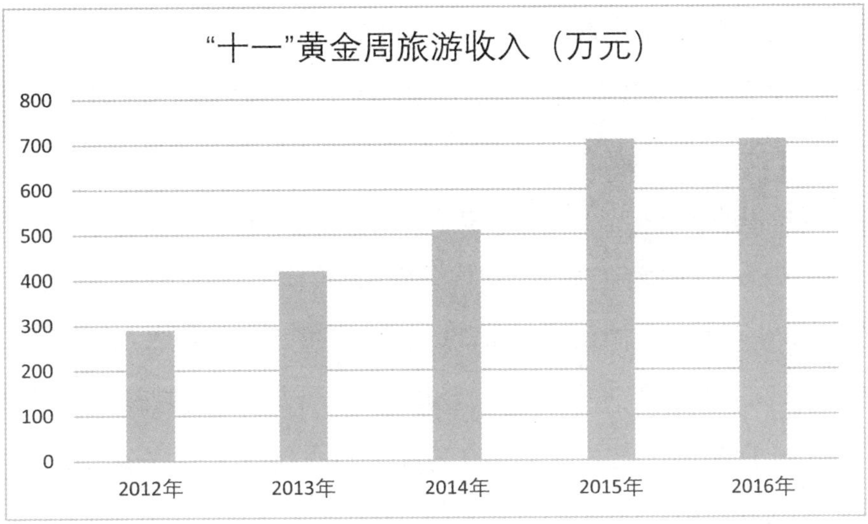

图 3-5　2012—2016 年"十一"黄金周期间巴里坤县旅游收入

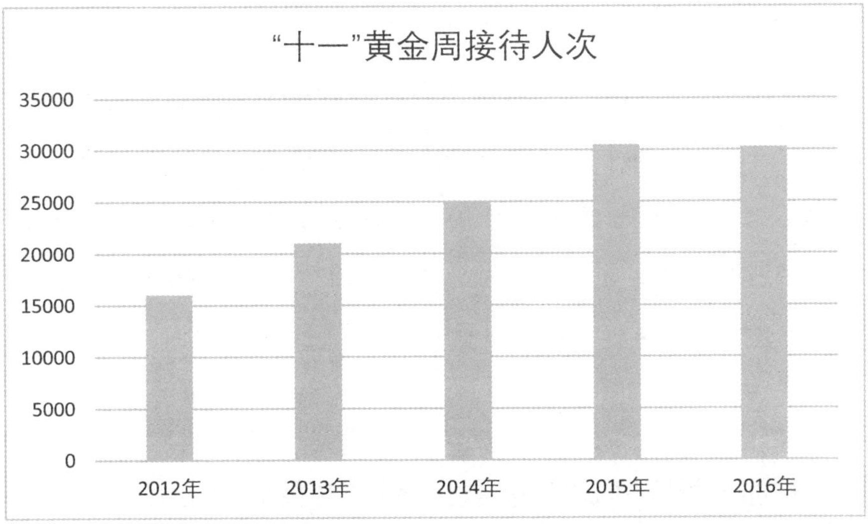

图 3-6　2012—2016 年"十一"黄金周期间巴里坤县旅游接待人次

实现旅游社会总收入 513 万元，同比增长 20%。松峰书院作为巴里坤县厚重国学文化的重要标志，始建于清代咸丰年间，当时为巴里坤县的最高学府，文人在此说课传道、苦读研学。“十一”黄金周期间松峰书院免费开放，一批批外地游客在此驻足观看。汉文化、哈萨克文化较浓重，玛瑙、奇石也是当地主打旅游产品之一，南来北至的游客们对巴里坤的奇石情有独钟。2015 年“十一”黄金周期间，巴里坤哈萨克自治县共接待游客 3.06 万人次，同比增长 21%，实现旅游社会总收入 705 万元，同比增长 33%。2016 年“十一”黄金周期间，巴里坤县共接待游客 3.08 万人次，实现旅游社会总收入 709 万元，与去年黄金周旅游人数、旅游社会收入基本持平。

附件：继续巩固旅游产业在创收产业中的重要位置

累计投资 2.65 亿元，实施巴里坤湖、尖山子、高家湖等一批旅游景区示范项目。

杏花节、玫瑰花节、湿地乡村风情节等特色旅游节庆活动和“一节一会”旅游节庆品牌效应凸显，丝路文化旅游观光会（自行车公路赛）入选 2020 年中国体育旅游精品赛事。全县累计接待游客 618.7 万人次，实现旅游社会总收入 14.57 亿元，分别较“十二五”期间增长 1.03 倍、1.19 倍。

（二）加大景区基础设施建设，带动乡村旅游发展

一是加强旅游道路建设，逐步形成点线面互联互通、周身一体的大旅游环线；二是加强重点景区基础设施建设；三是实施“旅游厕所”、全域

旅游标识标牌建设。在脱贫攻坚阶段的基础上，2018 年继续投资 500 万元，完成了哈密市到巴里坤沿线、巴里坤古城景区标识、标识牌建设；投资 980 万元，完成了城乡 16 座旅游厕所建设项目。

随着巴里坤湖尖山子景区、卡子湖景点、游客接待中心、停车场、旅游厕所、浮桥、栈道、宿营地、毡房接待区、跑马场、游艇、热气球、标示标牌、供水供电、智能监控系统等基础配套设施的完善，年游客人数增加至百万。依托旅游景区建设，积极鼓励扶持脱贫群众发展农牧家乐和乡村旅游服务业，带动脱贫人口实现就近就业增收。在尖山子旅游景区已有大小商铺 25 家、牧家乐 13 家，家庭旅馆 10 家，直接带动本乡就业 183 人，间接带动 1000 余人增收致富，实现年人均增收 6000 元；在卡子湖旅游景区已有 15 家农牧民开办牧家乐，23 家农牧民参与并从事骑马、骑骆驼等活动，游艇项目吸纳本地村民 5 人，直接带动本乡就业 73 人，间接带动 300 余人增收致富，实现年人均增收 4500 余元。

附件：基础设施建设加快推进，支撑能力明显提升

交通方面，巴里坤支线机场、将军庙—淖毛湖铁路、G7 京新高速公路（巴里坤段）、G575（老爷庙口岸至巴里坤县）公路、G575（东天山隧道）公路、G331（三塘湖至淖毛湖）公路等一批重大项目从蓝图变为现实，新改建国省干线 665 千米、农村公路 929 千米，全县公路总里程达到 2230 千米，较“十二五”末增加 1594 千米。

信息化方面，光纤和 4G 网络基本覆盖城乡，建成投运 5G 网络基站 4 个，国家级电子商务进农村综合示范项目通过商务部

终期绩效验收。2020 年，实现网络购买额、销售额 3881 万元、1290 万元，年均分别增长 38%、12%。

（三）通过景区带动，拓宽农民增收途径

一是依托巴里坤湖草原生态旅游区建设项目，为游客提供餐饮接待、民宿服务。目前，景区餐饮点经营和服务员工作岗位 159 个（吸纳贫困户 33 人就业）。二是依托高家湖湿地景区带动乡村旅游发展。开发了餐饮、水上娱乐、住宿等服务项目，农牧民直接就业 110 人。高家湖共开办 16 家农牧家乐和 2 家民宿，从事农家乐服务的人员有 70 人（其中贫困户为 12 人）。

海子沿乡尖山子村、海子沿村、卡子湖村依托巴里坤湖草原生态旅游区的开发，以旅游风景区为主导，结合哈萨克民俗风情，带动以农牧家乐接待、哈萨克族家访、骑马、拍照、哈萨克族特色旅游纪念品销售为主的特色观光休闲游的发展。农牧民通过租赁售货亭出售特色手工艺品及特色食品、租赁接待毡房从事农牧家乐接待经营、组建歌舞表演队伍为游客表演、组建马队和驼队供游客乘骑来增加收入，提供直接从事农牧家乐经营、特色产品出售、文艺表演、马驼租赁、特色烧烤区经营和间接从事服务工作的岗位 300 余个。

（四）加强技能培训，积极提供就业岗位

2017 年至 2019 年 3 月，分批次对农牧家乐经营户和农牧民 180 多人进行了乡村旅游培训；组织协调县域内旅游企业为贫困户提供就业岗位 76 个，就业人员月工资 2000 元以上。

尖山子村地处巴里坤湖风景区，自 2015 年开始，工作队结合当地少

数民族群众擅长刺绣、奶制品加工、手工艺品制作等特点，通过“引进来、走出去”的方式聘请专家来村里培训，帮助村民提升技能，解决本村100多人的就业问题。村民们一个旅游季平均收入可达每人6000元，使得他们参与季节性务工实现劳务创收的积极性愈发高涨。

（五）实施政策扶持，提升农牧家乐服务品质

为提升巴里坤县农牧家乐发展水平，以奖代补鼓励农牧民利用自己的庭院开办农牧家乐。对乡村旅游创建进行奖励和补助，凡被评为自治区星级的农家乐，每户补助1万～5万元。

海子沿乡按照“前院蔬菜、后院特禽”的发展思路，动员全乡183户农牧民（海子沿村65户、卡子湖村60户、尖山子村58户）发展庭院经济，其中每户种植苗木3～5棵，庭院蔬菜种植30平方米。同时，积极调整优化畜牧业产业结构，继续扶持并鼓励脱贫户发展马、驴、家禽等特色养殖产业，为保障脱贫户养殖业平稳发展，宣传鼓励脱贫户养殖的生产畜参加保险，保障特色养殖产业稳步发展。培育养殖大户15户，建设现代畜牧业养殖示范点10个，肉羊存栏5300只、肉牛存栏500头，带动脱贫群众346户1243人，实现年人均增收2000元。

花园乡依托南园子村兰州湾子以特色农家乐为重点的乡村旅游产业发展，加大对停车场、农家乐娱乐设施、厨房改造和文化包装等基础设施的建设。目前，经营的农家乐有13家，达到三星级的农家乐有10家。随着旅游休闲度假的升温，兰州湾子经营农家乐的农牧民年收入可达5万元至30万元，可吸纳就业人员80至200人，旅游岗位从业的服务人员月收入在2000元至3000元不等。旅游业的发展也带动了花园乡特色养殖加工业的发展，到这里来的游客都愿意带回一些当地种养殖合作社生产的大雁鹅、土鸡、珍珠鸡、熏马肠、风干羊肉、奶疙瘩、酥油、椒蒿、野蘑菇等

旅游土特产，促进了花园乡特色养殖业的发展，为广大农牧民提高收入、脱贫致富拓宽了渠道。[①]

附件：统筹推进新型城镇化，城乡面貌显著变化

2020年，随着城乡融合发展机制的逐步健全，城乡基础设施和公共服务体系不断完善。汉城东西街、团结东西路、新市南北路等城市主干道完成改扩建，新增城市道路5公里、停车场10个。天山路沿线、北门观景台等一批风景怡人、功能多样的小游园、微绿地、健身场所相继建成。县城绿化覆盖率为35.1%、燃气普及率为100%、污水处理率为96.3%、生活垃圾处理率为98.3%，分别较“十二五”末提高10.6%、9.6%、21.1%、15.3%。奎苏、三塘湖、大河等重点镇、特色镇建设扎实推进，全县城镇化率达48.5%，较“十二五”末提高5个百分点。“千村示范、万村整治”工程深入实施，农村人居环境整治三年行动顺利通过自治区验收，乡村面貌焕然一新，良好的环境在提升村民生活质量的同时为旅游产业致富提供了条件。

五、旅游扶贫经验的启示和思考

（一）巴里坤县旅游扶贫经验

1. 从景区旅游向全域旅游发展，构建多节点“大景区”格局

巴里坤县依托自身自然资源和人文景观，积极推动“景点旅游”向“全域旅游”转变，强化全域理念，构建多节点“大景区”格局。巴里坤县坚

① 资料来源：巴里坤县旅游局：《发展全域旅游带动乡村振兴》，2018年9月21日。

持“全域布局、全景覆盖、全局联动、全业融合、全民参与”，围绕历史文化旅游、自然生态旅游、民俗风情旅游、冰雪文化旅游、现代农业和工业观光旅游“五种旅游业态”，全力推进“国家全域旅游示范区”“AAAAA级古城景区”创建工作，发展点线面互通互联、周身一体的大旅游，完善旅游服务功能，不断提升旅游业发展的层次和水平。大胆探索从景区旅游向全域旅游发展，转变旅游发展思路，变革旅游发展模式，创新旅游发展战略，加快旅游发展阶段演进，按照“全域景观化、景区内外环境一体化、市场秩序规范化、旅游服务精细化”的目标，加快旅游与其他相关产业的融合，通过旅游业带动乃至统领县域经济社会发展，以点带面推动全域旅游发展，全力推进旅游业与农业、林业、水务、体育、文化等行业的全面融合发展，实现区域资源有机整合，将巴里坤县打造成一个功能完整的旅游目的地。按照“人人都是旅游形象、处处都是旅游环境”的全新理念，实现景点内外一体化。通过旅游业带动其他产业发展，逐步实现旅游业全域共建、全域共融、全域共享，实现空间全景化的系统旅游。巴里坤县按照“全景、全时、全民、全业”的发展要求，加快全域旅游的发展，力争做到旅游景观全域优化、旅游服务全域配套、旅游治理全域覆盖、旅游产业全域联动和旅游成果全民共享“五个全域”。推进旅游+新型城镇化、旅游+新型工业化、旅游+农业现代化、旅游+信息化、旅游+生态化建设，使旅游与其他相关产业深度融合、相融相盛。加快主要旅游通道和村镇旅游交通网络建设，健全旅游交通服务体系；建设集游客集散、咨询、投诉处理、医疗救助等为一体的县域旅游集散中心，全面提升全县旅游档次和服务水平。

旅游产业的发展促进了扶贫工作的开展，巴里坤县全域旅游的思路，不仅为旅游产业发展明确了新的方向，也为日后的城市与乡村建设提供了新思路。旅游不仅仅局限于景区范围，单独产业发展，而是以点带面，与多个行业融合，促进景区内外的一体化发展，通过带动旅游产业发展，联动全域发展。

2. 以文促旅，推动旅游产业规范化、标准化发展

文化底蕴是巴里坤县多年历史传承的体现，也是巴里坤县特有的旅游资源，以文促旅，发展文化旅游不仅可以促进旅游产业的发展，同时也传承了文化，文化和旅游可以相互影响，相互促进，共同发展。

巴里坤县在发展旅游产业的同时，也在不断推进旅游产业规范化、标准化发展。加强公共服务设施建设，高标准推进旅游厕所、生态停车场、旅游环线、旅游接待中心等基础设施建设。突出抓好旅游综合服务能力建设，加大对旅游基础设施的投入，加强对景区（点）、宾馆酒店、农牧家乐等服务行业的管理，推动旅游产业规范化、标准化发展。同时，加强技能培训，分批次组织农牧家乐经营户和农牧民参加乡村旅游培训班。加大培训力度，提升行业品质。将旅游扶贫培训和旅游人才培训纳入全县教育培训计划，与疆内外旅游高等院校建立人才培训合作计划。

旅游产业的发展，不仅需要加大投资力度和政策关注度，同时也需要引导旅游产业不断规范化、标准化发展。

3. 拓宽农民增收途径，积极提供就业岗位

通过景区带动，拓宽农民增收途径：组织协调县域内旅游企业，为贫困户提供就业岗位，如从餐饮、水上娱乐、住宿等服务项目入手，让农牧民直接就业，以奖代补鼓励农牧民利用自己的庭院开办农牧家乐，对乡村旅游创建进行奖励和补助。加大对农牧家乐的扶持力度，为当地农牧民探索出一条增收致富的新路子。

习近平总书记强调，脱贫致富终究要靠贫困群众用自己的辛勤劳动来实现。没有比人更高的山，没有比脚更长的路。要重视发挥广大基层干部群众的首创精神，让他们的心热起来、行动起来，靠辛勤劳动改变贫困落

后面貌。要动员全社会力量广泛参与扶贫事业。习近平总书记强调:“全面建成小康社会、实现第一个百年奋斗目标，农村贫困人口全部脱贫是一个标志性指标。”[①] 坚持群众主体，激发内生脱贫动力是打赢脱贫攻坚战的根本目标。充分体现了人民群众是历史的创造者的马克思主义唯物史观。[②] 扶贫的发展离不开人民群众的支持，多种形式发展旅游产业，也为贫困人口提供了脱贫的新可能。

（二）抓住实施乡村振兴战略的机遇，发展乡村旅游

习近平总书记提到，要解决好“怎么扶”的问题。开对了“药方子”，才能拔掉“穷根子”。要按照贫困地区和贫困人口的具体情况，实施“五个一批”工程。其中第三项是生态补偿脱贫一批。乡村生态旅游是发展和带动扶贫帮困的好推手，巴里坤县努力将和谐稳定美丽乡村建设和旅游开发有机结合，根据自身资源特色，开发并创新多样化的乡村旅游体验活动，不仅让疆内外游客有了休闲度假的好去处，也让当地农牧民实现了增收致富。

巴里坤县抓住实施乡村振兴战略的机遇，按照“产业兴旺、生态宜居、乡风文明、治理有效、生活富裕”的总要求，发挥产业基础和本地优势，着力推进乡村旅游发展，壮大发展集体经济，塑造乡村文明新风，努力打造精品旅游区，吸引众多游客前来旅游观光。实施乡村振兴战略，发展乡村旅游，促进美丽乡村、现代农业与休闲旅游相衔接。

乡村旅游不仅能够加强乡村治理和乡村基础设施建设，提供更舒适的居住条件、更优美的环境，还能助力巩固提升脱贫攻坚成果，是决胜全面

① 《习近平扶贫论述摘编》,《在中央扶贫开发工作会上的讲话》，2015 年 11 月 27 日，第 12 页。

② 黄承伟. 我国新时代脱贫攻坚阶段性成果及其前景展望 [J]. 江西财经大学学报，2019(1).

建成小康社会、实现乡村振兴和区域协调发展的重要途径之一。

（三）落实精准扶贫政策，因地制宜发展巴里坤县旅游扶贫

精准扶贫、精准脱贫是打赢脱贫攻坚战的基本方略，是开展扶贫脱贫工作总的工作原则，体现的是精准性、实效性标准和要求，这是扶贫工作从思路到方式的根本性变革。[①] 习近平总书记指出，精准扶贫是为了精准脱贫。要设定时间表，实现有序退出，既要防止拖延病，又要防止急躁症。要留出缓冲期，在一定时间内实行摘帽不摘政策。习近平总书记指出，要坚持精准扶贫、精准脱贫，重在提高脱贫攻坚成效。关键是要找准路子、构建好的体制机制，在精准施策上出实招、在精准推进上下实功、在精准落地上见实效。

党的十八届五中全会从实现全面建成小康社会的奋斗目标出发，明确提出，到2020年我国现行标准下农村贫困人口实现脱贫，贫困县全部摘帽，解决区域性整体贫困。会议的主要任务是，贯彻落实党的十八届五中全会精神，分析全面建成小康社会进入决胜阶段脱贫攻坚面临的形势和任务，对当前和今后一个时期脱贫攻坚任务作出部署，动员全党全国全社会力量，齐心协力打赢脱贫攻坚战。

近年来，巴里坤县坚持把发展壮大特色主导产业作为精准脱贫的根本出路和重要举措，牢固树立“五大发展理念”，积极推进转方式、调结构，做大做强实体经济，发展新型工业化、农牧业现代化和以旅游业为主的第三产业，着力发展较为完善的主导产业，带动农牧民就业，促进农牧民增收，努力使各族群众生活得更幸福、更和谐、更美好。精准扶贫时，结合当地实际，具体到不同区域也有不同举措，多资源融合联动。乡村旅游不

① 黄承伟．我国新时代脱贫攻坚阶段性成果及其前景展望 [J]．江西财经大学学报，2019（1）．

仅能够留住乡愁还能助力巩固提升脱贫攻坚成果，是决胜全面建成小康社会、实现乡村振兴和区域协调发展的重要途径之一。巴里坤县脱贫摘帽的一小步，也为实现脱贫攻坚战的一大步做出了贡献。

附件：巴里坤县推动就业的其他举措

一、家庭手工业

结合民族传统特色、市场需求和农村生产生活特点，巴里坤县扶持发展群众积极性高、简单易学、投资小、产品有销路的民族刺绣、民族服装、民族手工艺品等家庭手工业。采取“合作社+基地+农户”的模式，创新集中和分散相结合的经营方式，依托县城民族刺绣产业基地和民族刺绣专业合作社，对脱贫群众进行免费操作技术培训，扶持发展刺绣产业。充分发挥对口援疆优势，加快建设促进就业规模大、吸纳承载劳动力强、辐射带动面广的民族服装厂。积极推动河南安绣企业与巴里坤县民族刺绣的深度融合发展。探索建立“工厂化生产+分散加工+集中营销”的发展模式，有效扩大服装刺绣产业带动辐射能力，促进农牧民持续增收。

二、庭院经济

根据自治县扶贫政策发展庭院经济建设项目，巴里坤县积极推进与引导贫困户思想观念的转变，积极探索在农牧户庭院中发展生态经济，引导贫困户充分利用自家庭院闲置空间和资源集聚发展具有“短、平、快”特点的蔬菜种植与家禽养殖，把原本闲置的庭院变成农牧民自家的增收园，有效拓宽收入渠道。目前巴里坤县大河镇、花园乡、八墙子乡、奎苏镇、石人子乡等地正积极推行土鸡养殖、陆地蔬菜种植等庭院经济。2017 年巴里坤全县投入资金 97.8 万元，扶持 489 户贫困户发展庭院经济，累计种植露地蔬菜 30 余亩，养殖土鸡 14670 羽，发放鸡饲料 14670 千克，户均种植大路菜 30 平方米以上，养殖土鸡 30 羽，发放鸡饲料 30 公斤。在扶持与发展贫困户庭院经济过程中，巴里坤县也逐步形成“一村一品”的产业格局，涌现出以庭院种植、养殖为主的特色经济村。

三、“互联网 +”

巴里坤县发展电商扶贫产业，坚持将农村电子商务作为巩固提升脱贫攻坚成果的重要载体。积极完善县级电子商务公共服务中心和乡村两级电子商务服务站建设，建立县乡村三级物流配送体系，扶持龙头企业、专业合作社建立农村电商服务体系，打造农产品电商销售平台，与合作社、种养大户建立直采、直供关系。支持脱贫群众从事电子商务，鼓励电商企业对贫困村电商站、设备配置以及代办物流快递服务点给予适当补助和小额信贷支持。当地电信运营企业根据用户需求负责宽带入户建设，鼓励电信运营企业对贫困村网络流量资费给予适当优惠。

2015 年底，电商扶贫作为“互联网 +”扶贫的重要内容被列入《中共中央国务院关于打赢脱贫攻坚战的决定》中。2016 年 11 月，国务院扶贫办第十六部委联合出台的《关于促进电商精准扶贫的指导意见》中，对电商扶贫进行了规范。在这些政策的指导下，巴里坤县就电商扶贫开展了一系列探索。巴里坤县始终坚持把发展电子商务与实施扶贫开发有机结合起来，把“互联网 +”

新经济形态引入农村，并与农村主导产业相融合，依托电子商务新型业态推动贫困农民创业就业，提高贫困户增收致富能力。巴里坤县先后制定出台了《巴里坤县促进农村电子商务发展扶持奖励暂行办法》《巴里坤县促进电子商务发展快递物流补贴方案》，不断增强电子商务发展动力。

巴里坤县2016年被国家商务部确立为国家级电商示范县。通过建立农村电子商务服务体系，推动农产品销售进程，有效打通“工业品进村、农贸进城”的双向通道，解决农牧民“卖难”“卖贱”的问题，实现电子商务就在家门口，代购、代销、代缴、收发快递不用愁。2017年，巴里坤县商经委、扶贫办和电商服务中心联合实施电商扶贫项目，扶持农畜产品加工企业、专业合作社及贫困家庭开展农产品网上销售平台建设，并在石人子乡韩家庄村和大泉湾村设置了土鸡、土鸡蛋代销试点，巴里坤县电商服务中心专业人员制作了公共微信平台巴里坤生活帮扶贫商城、沃玛特在线商超，以及在淘宝网等架设了销售平台，并在这些平台上展示土鸡、土鸡蛋、“坤牧”辣椒酱、“石奶奶”土豆粉、“旧户”酸菜、圣野金针菇、花旗驴奶大路菜、野蘑菇等多个品种的土特产。对此，巴里坤县还在继续扩大发展电商平台规模，着力推动农副产品向商品转变，让巴里坤县特色农副产品走向全国各地，促进农业产业发展、助农增收致富，为巴里坤县产业扶贫增添一把“金钥匙”。目前，巴里坤县有30多家企业及合作社注册了电商平台，直接或间接带动3000多户农牧民致富增收，通过电子商务平台把95种名优农产品卖向全国。如，善品公社·巴里坤甜瓜项目正是中国石油、中国扶贫基金会在新疆联合实施的“互联网＋扶贫”项目，该项目围绕巴里坤三塘湖镇甜瓜的种植与销售，通过合作社组织培育、标准化生产管理和地域农产品公共品牌打造等，着力将其甜瓜产业打造成巴里坤县的特色优势产业，并充分整合各类社会资源发展、支持小农户在互联网及电商平台上脱贫增收。目前巴里坤甜瓜已经成为巴里坤“互联网+”扶贫模式的示范性农产品，有力地带动了当地特色农产品的开发销售，带动了农民增收。2018年，巴里坤金驴科技有限公司也率先开创新型“互联网+”共享模式，极大地调动了当地牧民养驴的积极性。

第四章　教育扶贫利在千秋

治贫先治愚。要把下一代的教育工作做好，特别是要注重山区贫困地区下一代的成长。下一代要过上好生活，首先要有文化，这样将来他们的发展就完全不同。义务教育一定要搞好，让孩子们受到好的教育，不要让孩子们输在起跑线上。古人有“家贫子读书”的传统。把贫困地区孩子培养出来，这才是根本的扶贫之策。

——《在河北省阜平县考察扶贫开发工作时的讲话》(2012 年 12 月 29 日、30 日)

精准扶贫所带来的“整态化”成效中有一个重要的结果，就是人。这也是未来贫困地区持久脱贫，并且不断发展自我造血功能的最重要的因素。也是“整态化”的最大溢出效应。

一、今朝巴里坤——从马背到现代化教室

三塘湖乡距离巴里坤县城 80 余千米，是丝路古道的要冲，北接蒙古人民共和国。全乡共有有汉族、哈萨克族、回族、蒙古族、壮族、维吾尔族 6 个民族。由于三塘湖被群山环绕，出行不方便，有些人一生没有走出三塘湖一步，更不要说读书识字。尤其对于这里的游牧民族而言，读书识字更是非常困难的事情。以哈萨克族为例，大多数居民都是牧民，长期以

游牧为生，而牧区又地处偏远，人烟稀少，交通不便，各方面都较封闭，学龄儿童入学率、巩固率、毕业率都很低。

1968 年 4 月出生的阿林 · 杜太（哈萨克族）是土生土长的巴里坤县三塘湖乡人，他也是这里第一个读完高中的哈萨克族人。受过高中教育的阿林深知读书识字对于脱贫致富的重要性。1988 年 7 月，高中毕业后，阿林参加了乡扫盲队，参与牧民的扫盲工作。阿林知道对长期过惯了游牧生活、生活水平单一、封闭、落后、信息闭塞、不懂汉语的牧民而言，识字读书似乎是没有必要的事情，想让牧民参加扫盲班，需要做大量的思想工作。为此，阿林不怕辛苦，翻山越岭、走家串户、深入细致地做牧民的思想工作，用实例向没有文化的牧民说明学文化的好处、学习双语的好处，经过他的努力，他所在的地方全部通过了扫盲验收。

1988 年 9 月，阿林 · 杜太成为了三塘湖乡岔哈泉村东庄子牧业组教学点的一名（代课）教师，也是这个教学点长期以来唯一的老师，而这个教学点其实常年也就仅有一两个学生。

岔哈泉村东庄子牧业组，离县城 160 多千米，都是哈萨克族居民，多为牧民。教学点是牧区特殊生产方式下的一大特色。一段时间以来，在哈萨克族聚居的广大牧区，提倡把学校搬到家门口，在牧区推行“马背小学”“流动学校”“帐篷学校”。牧区教师长年骑着马，背上教材教具，在千里牧场上随牧民流动教学，每到一处就召集牧民子女上课。草地、崖壁、树丛、毡房就是“教室”，就是“学校”。牧区孩子骑马读书，露天上课，条件十分艰苦。

阿林很清楚读书识字对于一个孩子的重要意义，为了巩固孩子的入学率，每年开学前阿林都要统计应该上学的孩子的情况，把报到的学生与名单核对。东庄子有几户牧民一年要搬三四次家，给教学带来很多不便，但不管多麻烦，阿林总会顶着严寒、山风、雪花牵着马到“冬窝子”

给学生上课……

1990年9月，由于工作需要阿林又被调往大河镇打柴沟村牧业小学任教，大河镇打柴沟村牧业小学离县城更近，相比教学点，条件也更好。然而，阿林还是放不下岔哈泉村的那些因家境贫寒、无学可上的孩子，1993年，阿林果断又回到了三塘湖乡岔哈泉村东庄子。

为了不让孩子辍学，阿林费尽心思：没有教室，他组织孩子们在自己的家里上课；没有课桌椅，孩子们就坐在他家的炕上、地上学习；有的学生家庭条件差，他主动掏出自己不多的积蓄给他们买铅笔、书本等……1997年到1999年，阿林没有向国家要一分钱，面对家庭的经济压力，他没有任何怨言。

一个人带6个年级，阿林常常马不停蹄地给这个年级的学生上完课，布置好作业，再给另一个年级的孩子上课，一天至少要上8节课。他开设了汉语、语文、数学等9门功课。每一门课，阿林都认真准备。1998年教学点要修建教室，但乡财政、中心校的经费都比较紧张，他动员乡亲们自己动手，用了一个月的时间盖起了两间土木结构的教室。

阿林的孩子其实也是阿林的学生，他育有两个孩子，两个孩子在小学阶段也都是他在指导教育，而且这两个孩子也都读了大学，成为了新疆建设的人才。

阿林的付出与成绩正是巴里坤县教育成绩的缩影。虽然地处偏远，虽然物质条件并不充裕，但只要有决心有毅力，就能在沙漠里看到生命的绿洲。如今，在政府和巴里坤人民的努力下，三塘湖镇中心学校已焕然一新，不仅有教学楼、教师食堂、浴室，图书室、实验室、劳技体育室、卫生保健室、美术室、微机室、音乐舞蹈室等各功能教室也一应俱全，校园环境得到了大幅提升，马背上的教室终于成为巴里坤的历史。

二、教育扶贫的政策保障体系

新时期如何打好、打赢脱贫攻坚战？

习近平总书记从马克思主义反贫困理论[①]出发，结合当代中国实际情况，提出了“治贫先治愚，扶贫先扶智”的论述。2015年11月，中央召开扶贫开发工作会议，明确将教育扶贫列入五大脱贫举措之一，并提出，“国家教育经费要继续向贫困地区倾斜、向基础教育倾斜、向职业教育倾斜，帮助贫困地区改善办学条件，对农村贫困家庭幼儿特别是留守儿童给予特殊关爱”[②]。

按照国家、自治区统一部署，巴里坤县逐步建立了从学前教育到高等教育的学生资助体系，实现了学前教育阶段、义务教育阶段、普通高中阶段、中等职业教育阶段以及高等教育阶段各级各类学校学生资助政策全覆盖。2016年起，巴里坤全县实现了15年免费教育。

具体政策如下。

学前三年免费教育政策。2016年起，巴里坤县实行地方学前教育全免费政策。对在全县范围内接受学前教育的幼儿，免除保教费、读本费，补助伙食费（按照8元／生·天的标准，全年按180天予以补助）和取暖费。

义务教育阶段学生资助政策。除免除学费、免教材费外，资助项目还包括补助寄宿生生活费、营养改善计划、贫困学生救助、残疾儿童补助、对义务教育段寄宿生进行交通费补助等。其中，寄宿学生生活补助方面，2006年国家对农村义务教育阶段家庭经济困难寄宿生按总数的86%进行

---

① 马克思主义反贫困理论认为要实现全人类的共同富裕，就要推翻资本主义，消灭剥削阶级，这也是社会主义发展的最终目的。

② 习近平．脱贫攻坚战冲锋号已经吹响全党全国咬定目标苦干实干[J]．中国纪检监察，2015(23).

补助，小学 1250 元 / 生 • 年、初中 1500 元 / 生 • 年。2016 年开始，地方财政在 2006 年执行标准的基础上提标扩面，达到生均每天 12.5 元伙食补助，全年按 200 天计，每生每年 2500 元的生活补助。提标扩面的资金由市、县财政按 5∶5 分担，并随自治区补助标准提高而提高。营养改善计划方面，2013 年自治区对巴里坤县农村学生实施营养改善计划，按每生每天 4 元的标准进行营养餐补助。2014 年县财政在自治区补助基础上增加 1 元，按每生每天 5 元的标准进行补助，每年按 200 天计，每生每年 1000 元。寄宿生交通费补助方面，2011 年地方财政对全县义务教育阶段寄宿制学校学生给予交通费补助，补助标准根据学校路途不定（巴里坤县运管站统一票价），按照每人每月回家两次，一年 20 次进行补助。贫困学生救助方面，2011 年巴里坤县出台义务教育阶段贫困学生资助管理新办法，对义务教育阶段学生中留守儿童、孤儿、低保、特困家庭学生给予每年一次性 300 元补助。2018 年贫困学生补助 12.15 万元，由巴里坤县教育基金承担。残疾学生补助方面，2011 年自治县为保障残疾少年儿童接受义务教育的权利，对随班就读、家庭困难、中等以上残疾学生给予每年一次性 2000 元补助。2018 年残疾儿童补助 5.6 万元，由县财政全额承担。

普通高中国家助学金政策。除免除学费、教材费、住宿费外，还给予寄宿学生适当生活补助，每生每天 10 元、每年按 200 天计算，每生每年 2000 元补助。同时，2010 年国家设立普通高中国家助学金，对普通高中在校生中家庭经济困难的学生予以补助，“滋蕙计划”使用中央专项彩票公益金对品学兼优的普通高中家庭经济困难的学生给予每生 2000 元的补助。

中等职业教育资助政策。2009 年地方财政对巴里坤地方户籍的、在疆内、外中等职业全日制学校注册学籍的所有学生给予每生每年 1500 元的地方补助。

高等教育资助政策。县域内当年被录取大学生奖励计划：从2012年开始，凡在巴里坤县域内就读，且当年被高等院校录取的大学生前三名（分民，汉，文理科）分别给予4000元、3000元、2000元的奖励。

资金来源：巴里坤县教育基金。低保大学生救助：2013年起，地方财政对哈密地方户籍城乡低保家庭全日制正式学籍的高等教育学生给予救助。其中，对就读高职、大学的新入学大学生给予每生一次性学费救助5000元、疆内大学生每月给予300元生活费补助；疆外大学生每月给予600元生活费补助，全年按10个月计算；同时对就读研究生的学生给予每生一次性学费救助7000元、每生每年生活补助3000元。建档立卡农村贫困户家庭大学生救助：2016—2019年，地方财政对全县建档立卡农村地方户籍贫困户中在全日制正式学籍的高等教育学生给予学费和生活费补助。其中，对就读高职、大学期间的新入学大学生给予每生一次性学费救助5000元、疆内大学生每月给予300元生活费补助；疆外大学生每月给予600元生活费补助，全年按10个月计算；同时对就读研究生期间的学生给予每生一次性学费补助7000元、每生每年生活补助3000元。援疆助学金政策：2017年，哈密市利用援疆资金对就读疆外全日制高校，且有正式学籍的巴里坤地方户籍的城乡低保家庭、农村建档立卡贫困户、烈士、残疾军人子女及孤儿学生给予补助。其中，在疆外就读大学生每人每月发放600元生活补助，全年按10个月计算，每人每年给予6000元生活费补助（受助学生不得重复享受其他高等教育各项补助）。

巴里坤教师补助政策。农牧区教师伙食和交通补助：2011年起，地方财政对距离城镇30公里以上的农牧区教师实施伙食和交通补助。资助标准：按每人每天9元标准给予伙食补助（市财政承担6元/人·天，县（区）财政承担3元/人·天）。同时，按照属地管理原则，根据农牧区学校与城区距离分为一类、二类、三类乡（镇），按每人每月 80 ～ 200 元不等给予交通费补助。2018 年县财政全额承担教师交通费 131.86 万元；教师伙食补助总额 231.53 万元，其中市财政承担 154.35 万元，县财政承担 77.18 万元。中央专项彩票公益金“励耕计划”：“励耕计划”是使用中央专项彩票公益金对全国公办小学、初中、普通高中以及中职学校家庭经济特别困难的教师予以补助。其中，重点资助因遭受自然灾害、突发事故或重大疾病等造成家庭经济特别困难的教师，资助标准为每人 10000 元救助金。

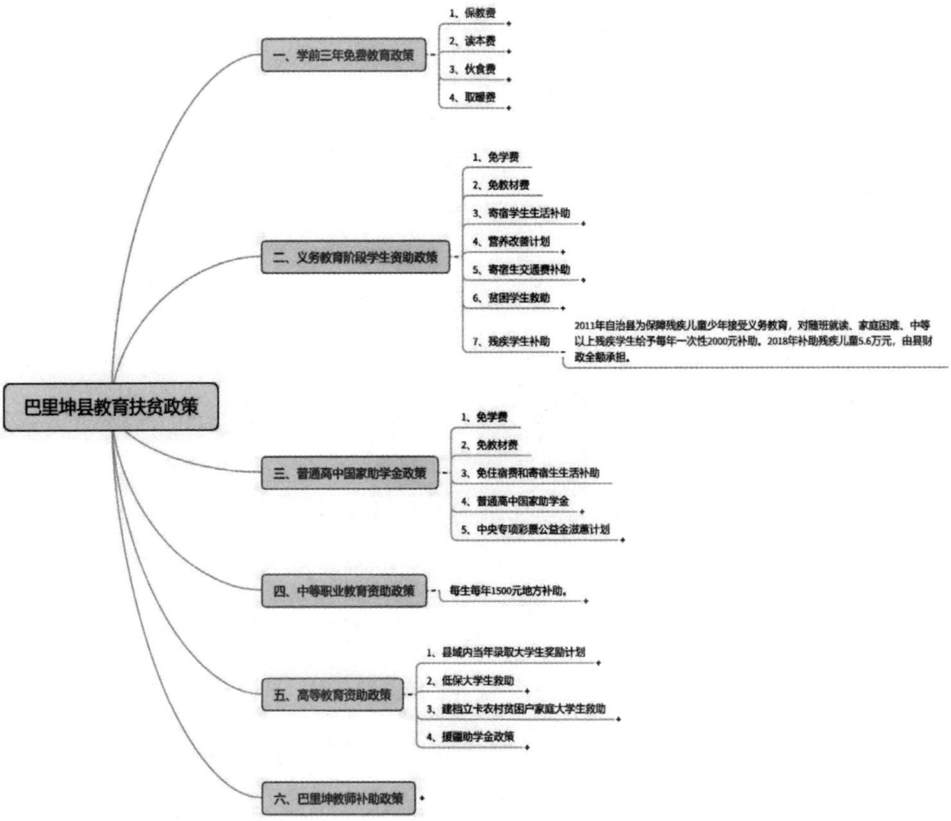

图 4-1　巴里坤县教育扶贫政策

三、教育扶贫措施与解读

在教育扶扶贫方面，巴里坤县一是实施教育惠民工程，加快贫困村中小学校标准化建设，投入资金1.2亿元，实施完成了7所贫困乡村中小学标准化建设，新建5所贫困乡村幼儿园，改善了贫困乡村办学条件。二是全面落实教育惠民政策，在全面落实国家、自治区、哈密市教育惠民政策的基础上，实行15年免费教育，对244名贫困家庭高职和本科生给予5000元入学学费和每年3000元生活费补助，健全困难家庭学生资助政策体系，实现贫困家庭学生资助全覆盖。三是建立贫困学生帮扶工作机制，按照高级职称教师帮扶3名贫困学生、中级职称教师帮扶2名贫困学生、初级职称教师帮扶1名贫困学生的原则，全县教师对口帮扶400余户贫困家庭子女就学，实现了教育扶贫结队帮扶全覆盖。

（一）教育公平是社会公平的重要基础

教育公平是社会公平的重要基础，要不断促进教育发展成果更多更公平惠及全体人民，以教育公平促进社会公平正义。

——习近平《在北京市八一学校考察时的讲话》（2016年9月9日）

如果说，阿林是巴里坤人脱贫的内在精神动力的代表，那么阿林如今所任职的学校——三塘湖乡中心学校，可谓是巴里坤县在教育发展成果更多更公平惠及全体人民，以教育公平促进社会公平正义的生动注脚。

三塘湖镇中心学校始建于1908年。建校初期，学校占地面积小，教职员工少，软硬件设施不健全，造成生源奇缺，辖区村民舍近求远，大都将自家孩子送往距离三塘湖乡80余公里的县城小学上学。

由于教学点办学条件相对较弱，师资力量不高，不少人质疑过学校存在的必要性。然而，在这里上学的孩子虽然只有二十多人，但他们大多数是周边护边员的孩子。护边员是协助守护边境线的当地老百姓，他们由于长期生活于此，熟悉边境辖区的一草一木，在收集信息上有优势，所以被纳入巡边、护边、守边的队伍。

由于三塘湖乡位于中蒙边境，居民一边放牧，一边做着护边员的工作。因此，对于这些父母而言，让孩子在家门口上好学自然是他们安心工作的前提。保留三塘湖中心学校是势在必行的。

既然有必要保留它，就只有一条路可走，那就是建设更好、更规范的学校。本着不让一个孩子失学，让每一个孩子都享受到优质教育资源的原则。自建校以来，三塘湖镇中心学校多次改扩建。如今，学校不仅有教学楼、教师食堂、浴室，图书室、实验室、劳技体育室、卫生保健室、美术室、微机室、音乐舞蹈室等各功能教室也一应俱全。“现在的孩子太幸福了。”三塘湖中心学校校长秦培贤如是感慨。

正如秦培贤所感慨的，如今巴里坤县的孩子在衣食住行上都得到了一定的保障和提升。在推行教育公平上，巴里坤县积极发力。自国家推进义务教育阶段“两免一补”工作以来，巴里坤县义务教育阶段学生全部享受了政策补助。此外，县财政另外出资对寄宿生交通费、营养餐、困难学生及残疾学生进行补助。

据统计，2014 年至 2018 年春季，共免书费 507.66 万元，受惠 57558 人次；2014 年至 2018 年，共发放寄宿生生活补助费 1101.65 万元，受惠 15701 人次；2013 年至 2018 年共计发放交通费补助 66.79 万元，受惠 1233 人次；2013 年至今共下拨营养改善资金 3127.49 万元，受惠 316069 人次；2014 年至 2018 年下拨对特殊困难学生的教育基金资金 83.06 万元，受惠 2682 人。

（二）职业教育点亮牧民致富梦

俗话说得好，家有良田万顷，不如薄技在身。要加强老区贫困人口职业技能培训，授之以渔，使他们都能掌握一项就业本领。

——习近平《在陕甘宁革命老区脱贫致富座谈会上的讲话》（2015 年 2 月 13 日）

失业是导致贫困的一个重要原因。在学界看来，失业分为两种：隐形失业和显性失业。显性失业则是指，可以公开统计的一种失业形式；隐形失业则是一种劳动者看似和生产工作相结合，但是结合程度很低，看似没有失业，其实属于失业的一种形式和内涵比较复杂的状态。在巴里坤县农牧民中存在着隐形失业向显性失业的过度。早先，看似牧民的劳动力和畜牧业生产是紧密结合的，但其结合的程度并不是很深，譬如一群羊一个人放牧也可以，两个人放牧也可以，区别不是很大，所以隐形失业情况是存在的。但随着牧民定居以后，畜牧业的生产主要是单个劳动力放牧（一般是男户主）或者建棚圈养为主，放牧为辅，闲散劳动力现象逐渐明显化。并且随着受教育程度的增加，很多家庭成员接受了教育，但是教育程度不高很难找到工作或者实现进城务工的想法。加上退牧还草的大形势，剩余劳动力现象比较明显，这就可能导致愿意工作但是实际找不到工作的显性失业①。

针对这种有劳动力却缺少劳动能力的现象，巴里坤县越来越意识到职业教育的重要性，因此将能力提升培训工程从扶贫工作序列的“后排”调整到前列。在教育扶贫的系统工程中，巴里坤县政府不断对贫困农牧民进

① 梁启方．新疆巴里坤县农户贫困原因及对策建议 [D]. 新疆农业大学，2013.

行各种各样的培训，包括双语培训、驾驶技术培训、牛羊养殖技术培训、食用菌养殖技术培训、加油技术培训、汽车维修培训等，巴里坤县的人力资本整体素质得到了提高。

不仅是针对一般群众，对于残疾群众，巴里坤县也举办了相应的职业培训。例如，2017 年 11 月，巴里坤县残联、花园乡残联联合举办了为期一周的“残疾人实用技术”培训班，培训期间主办方还给每个培训的学员发放纪念品和交通补助费，成绩合格者，还有结业合格证，增加了学员们的就业创业信心和渠道。

（三）“一对一”精准帮扶找到致富脱贫路

贫困群众既是脱贫攻坚的对象，更是脱贫致富的主体。要加强扶贫同扶志、扶智相结合，激发贫困群众积极性和主动性，激励和引导他们靠自己的努力改变命运，使脱贫具有可持续的内生动力。要改进帮扶方式，多采取以工代赈、生产奖补、劳务补助等方式，组织动员贫困群众参与帮扶项目实施，提倡多劳多得，不要包办代替和简单发钱发物。要加强教育引导，通过常态化宣讲和物质奖励、精神鼓励等形式，促进群众比学赶超，提振精气神。要发挥村规民约作用，推广扶贫理事会、道德评议会、红白理事会等做法，通过多种渠道，教育和引导贫困群众改变陈规陋习、树立文明新风。这也有利于减轻群众负担。要加强典型示范引领，总结推广脱贫典型，用身边人、身边事示范带动，营造勤劳致富、光荣脱贫氛围。

——习近平《在打好精准脱贫攻坚战座谈会上的讲话》（2018 年 2 月 12 日）

除了上述缺乏劳动能力的失业情况，在巴里坤县还有一种更为特殊的境况，即不愿离家远行。对于传统的哈萨克族牧民而言，即便在外读了书学了技术，也不愿意在外就业，他们更愿意回到家里，继续过着放牧的生活，而父母也欣慰并习惯了孩子能守在他们身边。

萨提甫阿里得·吐苏甫汉就是这么一个不愿意离家的年轻人[①]。萨提甫阿里得在哈密技术学校读的中专，中专毕业后因为没找到合适的工作，一直“失业”在家，帮助亲戚照料牲畜，成了大河镇打柴沟村一个年轻的牧民。

2014年结婚生子后，没有其他经济来源的3口之家生活过得日益拮据。在扶贫攻坚战打响后，大河镇对全镇范围内108户贫困户进行了摸底排查，并开展“一对一”的脱贫帮扶。萨提甫阿里得的帮扶干部每15天去他家一次，了解到萨提甫阿里得有一定的文化基础和技术功底，如今干起了“羊把式”的活计，帮扶干部感到非常可惜。

然而，要劝说阿里得·吐苏甫汉放弃祖辈相传的放牧生活不是一件容易的事。帮扶干部一边不时地给山北的萨提甫阿里得夫妇打电话了解情况、交流思想，一边经常去萨提甫阿里得父母家中，劝导他们要转变观念、理解支持孩子外出寻找工作。经过帮扶干部一个多月的耐心劝说，终于做通了萨提甫阿里得夫妇和家人的思想工作，他们愿意外出打工，父母表示支持并愿意帮助他们带孩子。

不仅如此，帮扶干部先后给他们联系了蒲类海传菜员、哈密宾馆服务生、刺绣合作社、大路菜工等工作，最终为萨提甫阿里得找到了新疆华油技术服务股份有限公司修理工的工作，为其妻子找到了该公司厨师的工作。

自正式上岗后，夫妻二人每月收入8000余元，公司还为他们缴纳了社保。帮扶干部引导他们在做好本职工作的基础上，利用业余时间加强专

---

① 闫小芳，李萍，韩婷等. 从“放羊娃”到“产业工人”的脱贫路[N]. 亚心网（2017-08-11）.

业技术方面的学习，争取在今后的职业道路上有更好的发展。

（四）扶贫先通语

由于历史等方面的原因，许多深度贫困地区长期封闭，同外界脱节。

——习近平《在深度贫困地区脱贫攻坚座谈会上的讲话》（2017 年 6 月 23 日）

职业教育使得大家劳动技能得到了提升，但要想致富还有一关需要攻克——语言。

据《中国青年报》2012 年的一则报道[①]，在一次中央新闻单位集体采访中，20 多个维吾尔族学生中竟然只有 1 人会用汉语交流。这不由得令人深思，不会讲汉语将来就业以后怎么同用人单位与客户交流呢？

这的确是新疆部分地区致贫的原因之一。在调研中，调研组了解到，很多青壮年正是因为不懂汉语，无法交流，导致无法走出巴里坤县，有的企业甚至不要求会汉语，但人不能没有交流，有些人因为受不了无人交流的痛苦，又跑回来了，这也正是导致当地少数民族不愿意外出务工的重要原因。

据统计，截至 2014 年底，巴里坤县有汉族、哈萨克族、蒙古族等 13 个民族，其中人口较多的是汉族和哈萨克族。长期以来形成了“大杂居，小聚居”或“大聚居，小杂居”的民族分布格局，从而形成了“汉语单语区”“民语单语区”“民汉双语或多语区”等复杂的语言社情。以人口最多的少数民族哈萨克族而言，根据李志忠、游千金关于巴里坤哈萨克族人民国家通用语言使用基本情况的调研结果，具有普通话能力的人群占比为

① 李剑平 . 一人上职校脱贫一家人 [N]. 中国青年报，2012-06-25（11）.

59.7%，这个比例与“基本普及（75%）”的目标尚有差距。其中，城镇和乡村普通话水平差距较大，城镇高于乡村；不同年龄段普通话水平差距明显，表现为普通话水平随年龄增加而降低①。

语言作为一种重要的人力资本，其与经济发展的相关性早就被学界所证明。首先，学界认为，语言的繁杂性与一个国家的经济发达程度成反比——语言繁杂阻碍经济文化交流，从而影响经济的发展繁荣。其次，语言也是提高尊严感与幸福感的重要工具。当前，随着市场经济的发展和城镇化的推进，越来越多的农村富余劳动力涌进城市，提高农民工的“城市认同度”，语言能力的提升是其中重要的一环。能听懂普通话，会说普通话，不仅会带来较好的就业机会从而提高收入水平，而且还会带来精神上的尊严感与幸福感②。

针对贫困地区国家通用语言的推广和使用，国家层面陆续出台了各种规划、纲要。2018 年 1 月 19 日，教育部、国务院扶贫办、国家语委三部门联合印发《推普脱贫攻坚行动计划（2018—2020 年）》（教语用〔2018〕1 号），计划明确提出，到 2020 年贫困家庭新增劳动力人口应全部具有国家通用语言文字沟通交流和应用能力，现有贫困地区青壮年劳动力具备基本的普通话交流能力。

响应国家号召，近一年来，巴里坤县教育局非常重视国家通用语言文字的教育教学工作，把国家通用语言文字教学摆在非常突出的地位去抓。自 2018 年秋季学期起，义务教育阶段推行国家通用语言教学全覆盖，高中阶段，现高一年级共有 277 名学生和六个班级，该六个班级全覆盖国家通用语言文字授课。在国家通用语言文字教育教学管理工作方面，现在全

---

① 李志忠，游千金. 巴里坤哈萨克族国家通用语言抽样调查研究 [J]. 民族教育研究，2017（4）：46-55.

② 吕晓玲. 语言教育：助力精准扶贫 [N]. 济南日报，2018-11-06（A04）.

县各校已将国家通用语言文字教育教学工作列入重要议事日程，县领导亲自抓国家通用语言文字教育教学工作，注重国家通用语言文字教育教学工作的氛围已经形成。

县教育局把国家通用语言文字教育教学作为重中之重，并做了实质性的工作。比如，全县中小学继续采取“6+1”（每天增加1小时）、“5+1”（周末增加1天）、教师自我研修、师徒结对子等措施强化少数民族教师国家通用语言文字教学能力，2018年暑假开始进行为期1个月和学期中周末国语强化集中培训；全县所有少数民族学生为7195人，参加国家通用语言文字强化培训的学生共有5179名（占民族学生总数的72%）；县里17所学校和23所幼儿园的5487名学生和幼儿“小手拉大手”和5040名家长一起参与国家通用语言学习，要求学生每天和家长共同学习三个字、一个词、一句话，每周学会一段口语交际，每月学会1首红歌；教育局共选派55名骨干教师到55所农牧民夜校授课，全县农牧民（居民）夜校根据国家通用语言水平的高低，设有323个教学班级（快班35个、中班15个、慢班273个），59个教学点，共有学员4673人（快班2165人、中班593人、慢班1915人）。

国家通用语言的学习和熟练掌握便于少数民族子代在竞争激烈的劳动力市场中突出重围，增加了就业机会，同时，开通了少数民族对外了解的渠道，加强了各民族间的交流、交往、交融，促进了民族团结。

四、教育扶贫成就

由于历史原因，一个时期以来，巴里坤县域义务教育发展不均衡，农牧民子女“上学难”“上好学校更难”的矛盾十分突出[①]。2013年的调

① 梁启方．新疆巴里坤县农户贫困原因及对策建议[D]．新疆农业大学，2013.

查结果显示，巴里坤地区尚未受教育或文盲半文盲比例为42.55%，接受小学教育的比例为33.89%，接受初中教育的比例为17.79%，接受高中教育的比例为3.37%，接受大学教育的比例为2.40%，没有接受教育或者只接受初等教育的人群占比合计为94.23%，接受职业教育以及高等教育的仅为5.77%，文化素质整体不高①。2016年的调查结果显示，巴里坤县贫困户的平均受教育程度较低：超过92.4%的人口只接受了初中及以下的教育，接受高等教育的人口比重很小，这种低水平教育结构对于巴里坤县人口综合素质的提高和经济社会发展有很大的制约作用。

治贫先治愚，扶贫先扶智。为了扭转教育低水平的现状，2016年，巴里坤县投入资金10809万元（中央资金1006.4万元、自治区资金387.9万元、援疆资金7815万元、县财政资金1600万元），实施大红柳峡乡中心学校、萨尔乔克乡自流井村小学、海子沿乡卡子湖村小学、八墙子中心学校、下涝坝乡大柳沟教学点、大红柳峡花儿刺教学点、石人子乡中心学校、花园乡中心学校、大河镇中心学校、大河镇干渠村小学、大河镇商户村小学、山南开发区雅吾龙学校共12所学校的标准化建设；全面落实国家、自治区、地区教育惠民政策，实行15年免费教育。

2017年，巴里坤县在实行15年免费教育的基础上，完善困难家庭学生资助政策，累计发放补助73.9万元，其中：向41名新生发放一次性学费资助20.5万元，向178名贫困家庭学生发放生活补助53.4万元，实现了贫困家庭学生资助全覆盖。继续实施贫困学生帮扶工作机制，结合“三联三进一交友”活动，按照高级、中级、初级职称教师帮扶3名、2名、1名贫困学生的原则，全县教师对口帮扶400余户贫困家庭子女就学，实现了教育扶贫结对帮扶全覆盖。全面实施农村办学条件提高改善工程，新建

① 肖春梅，刘占芳．乌鲁木齐城市创新与经济增长关系的实证研究[J].新疆财经，2016（3）：39-47.

萨尔乔克乡苏吉东村学校。

经过近年来的推动和发展，截至 2018 年 12 月，全县已有各级各类学校（园）42 所，其中：幼儿园 23 所（独立幼儿园 3 所，附属幼儿园 20 所），小学 11 所，九年一贯制学校 5 所，高中 1 所，完全中学 1 所，职业高中 1 所。全县教职工 1592 人，其中少数民族 841 人；在校生 11169 人，其中学前 2393 人，小学生 5462 人，初中生 2077 人，高中生 1237 人。小学、初中学籍、户籍巩固率得到稳步提升（如下图所示）。

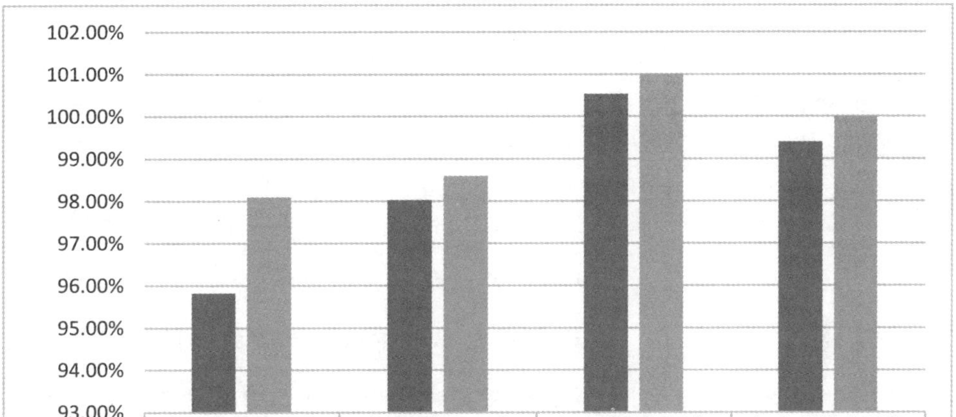

	小学学籍巩固率	小学户籍巩固率	初中学籍巩固率	初中户籍巩固率
2017年	95.82%	98.03%	100.53%	99.40%
2019年	98.10%	98.60%	101.02%	100.00%

图 4-2　学生学籍巩固率

2017 年，经自治区人民教育督导委员会评估认定，巴里坤县以优秀的成绩通过自治区教育均衡发展验收。

截至 2020 年，巴里坤县在教育方面累计投资 4.5 亿元，完成全县 17 所中小学标准化建设，各乡镇“最美的建筑在学校、最美的环境在校园”。普惠性幼儿园覆盖率达到 100%，15 年免费教育全面实施，国家通用语言教育实现全覆盖，义务教育均衡发展和三类城市语言文字通过国家验收。

案例 4-1

教育扶贫托起“家庭的未来”

2019 年 8 月 26 日，对于牧民木拉提别克一家而言，是个难忘的日子。这天，他的女儿沙依热斯收到了新疆大学科学技术学院的录取通知书，享受高考入学政府资助金 6000 元。

木拉提别克一家住在美景如画的草原边，走进他家的院落，新建的安居富民房格外引人注目，屋子旁边种着蔬菜，几只鸡在菜地边悠闲地觅食。说起孩子们上学的事，52 岁的木拉提别克笑容灿烂，说不完的感动。

23 岁的大儿子黑萨别克，2015 年至 2016 年在新疆师范大学学习国家通用语言，2019 年开始在太原理工大学就读；女儿沙依热斯今年 19 岁，即将走进新疆大学科学技术学院的校门；14 岁的小儿子沙依热西，暑假过后在县城的哈密市三中就读初中。木拉提别克说：“孩子们所在的学校条件特别好，3 个孩子上学不交一分钱，还在学校免费吃住，我只上过小学，我们夫妇俩的心愿是让孩子们学到更多的知识。”

木拉提别克从十几岁开始就骑马放牧，这样的游牧生活过了 40 多年。那时候，一年中，他要带着家人 4 次转场，孩子无法到学校接受教育。针对牧民家庭的这种情况，巴里坤县组织了马背教学，由哈萨克族教师骑马到各毡房流动施教。

黑萨别克说：“爸爸上学时没有交通工具，老师骑马上山教他学习。现在，我们的学习条件比他那时好多了。”

沙依热斯说：“我小时候，爸妈在特别远的地方放牧，哥哥上初中，我上小学，生活特别困难，有时交不上学费，我就问亲戚借，爸妈回来后再还给亲戚。”

2014年，尖山子村实施定居兴牧工程，拆掉住了几十年的土坯房，修建了整齐划一的安居富民房，木拉提别克一家住上了80平方米的新房。政府建房时，为每户村民补贴修建了配套的牲畜标准棚圈。木拉提别克一家定居下来，靠养殖几十只羊、种植20多亩草料的收入生活。虽然经济拮据，但一家人总算团聚了。

2016年精准扶贫攻坚战打响后，木拉提别克成为村里建档立卡贫困户，乡政府为他家发放了20只生产母羊，托管在巴里坤县健坤牧业有限公司，每年分红2400元，木拉提别克还依靠扶贫贷款饲养了50峰骆驼、8头奶牛。现在他家年收入近4万元，人均收入8000多元，是村里的脱贫典范。

五、教育扶贫经验的启示和思考

（一）教育扶贫是精准扶贫的必然要求

2013年底，中国政府提出了精准扶贫的理念，明确提出在扶贫工作中实施精准扶贫的战略，强调扶贫开发“贵在精准，重在精准，成败之举在于精准”。

实施精准扶贫，从根本上拔掉贫困地区的穷根，关键要靠教育。首先，教育可以最大化扶贫资金的效用，为贫困家庭积累人力资本和社会资本，使贫困家庭的孩子能够通过教育改变自己的命运，获得创造美好生活的机会，切断了贫困代际传递的根源。

其次，物质匮乏必然伴随精神困顿，精准扶贫也需要重视贫困地区的精神文明建设，而教育就是最佳抓手。精准扶贫政策重视贫困家庭的心理状态，使“脱贫”成为贫困家庭的内生动力，增强贫困家庭的积极性、主动性和创造性，使“自力更生脱贫致富”成为贫困社区共识，建立长效机制。

（二）教育扶贫需精准施策因地制宜

教育扶贫政策是否契合贫困地区的文化环境和实际需求。以往部分贫困地区的教育扶贫政策采取“一刀切”的做法，如把贫困地区的适龄儿童整体搬迁到县城集中上学，通过加大教育的投入使贫困人口享受到优质的教育资源。但同时也使得很多贫困家庭因为上学路途过远和教育成本的增加，辍学率反而有上升趋势。这不仅伤害了贫困地区人口参与教育的热情，也造成了教育资源的浪费，使得教育扶贫适得其反。[①] 在这一点上，巴里坤县可以说是因地制宜精准教育扶贫的代表。

三塘湖镇中心学校在建校之初，校舍简陋、师资力量薄弱，就读学生人数也很少，当地部分居民反而倾向于将孩子送到几十里远的县城学校就学。但与其他贫困地区情况不一样的是，三塘湖乡居民相当一部分是护边员，不具备将子女送去县城读书的能力与客观条件。巴里坤县政府因地制宜，不仅没有撤销三塘湖镇中心学校，还不断翻新、改建校舍，充实师资力量，并且通过优惠政策补贴减少入学学生的教育支出，减轻贫困家庭负担。近年来，大量居民受惠于三塘湖镇中心学校便捷、优质与便宜的教育资源，不仅护边员乐于将子女送入该校就读，连以往对县城学校更加青睐的居民家庭也纷纷改变了观念，转而将子女送入三塘湖镇中心学校。上述事例充分说明，集中优质资源并不是教育扶贫唯一的路径，在大多数情况下，因地制宜地分配资源更加重要。

---

① 谢君君．教育扶贫研究述评 [J]. 复旦教育论坛，2012，10(3): 66–71.

（三）教育扶贫对象需从学生扩大至家长

过去，教育扶贫的主要关注对象是学生群体，有关非学生群体的系统再教育涉及面还比较少，只有短期的技能培训。常言道，青少年是祖国未来的花朵，却鲜少有人提及，青少年的父母亲族是“养花人”，是花朵成长所需的“土壤、水分与阳光”。

一个公认的事实是，父母的眼界、认知与职业会对子女的人生、择业产生巨大的影响。因此，在做好贫困地区学生的技能、人生观、价值观教育的同时，各地政府还应重视对其父母、亲族的“再教育”。这种“再教育”，不仅是简单的技能培训，应该着眼于更加“软”的层面，比如现代化的国民意识教育、对外部世界发展情况的了解、对互联网、移动终端的认识和掌握程度。尤其需要让父母、亲族了解，在本地区已有的职业选择上，他们的子女未来还可以有哪些职业选择，要实现这些就业，他们需要为子女提供哪些资源。

观念层面的转变无疑是一个长期的过程。经济结构和人口结构的变化对观念的影响是缓慢却持续的，而主动的教育则可以加速这一进程。观念的改变绝不意味着放弃传统与文化根源，而是在拥抱现代化社会的同时，为传统与文化注入生命力。对于受教育者而言，教育者的移风易俗和开阔眼界无疑可以提供一个更高的起点和平台。

（四）职业教育须有针对性

职业教育是人力资本投资、提高贫困人口长期收入的重要手段。早在20世纪初，我国职业教育的先驱黄炎培先生就联合社会各界力量创建了中华职业教育社，力图通过教育解决国民生计问题。

数据显示，近10年来，中职毕业生就业率连续10年保持在95%以上，高职毕业生半年后就业率超过90%[①]。另有调查显示，很大一部分中职学校学生是来自农村家庭和城市经济困难家庭；而91%的高等职业院校毕业生则是其家庭的第一代大学生，这说明高职教育促进教育公平的作用显著，实际发挥教育脱贫、阻断贫困代际传递功效明显[②]。

在职业教育方面值得注意的是，教学内容设计应该具有前瞻性和预判性。制造业企业受宏观经济形势及世界地缘政治影响较大，其用工需求每年都处于动态平衡中，企业难以，甚至不可能定期吸收劳动力进入生产岗位。因此，地方政府及决策者需要充分了解目标行业的周期性，及时掌握相关产业信息，在专业设计上，甚至可以考虑搭配周期性与逆周期性行业的职业教育。

如果不能同时配置周期性与逆周期性行业，那么选择若干具有长期发展潜力、国内市场供给处于供不应求状态，且受到国家政策扶持的行业龙头企业作为对接对象是较理想的状态。

选取专业对口行业后，职业教育在设计层面还应考虑内容的深浅程度及实操性。如部分中西部贫困地区存在语言技能与理工科技能教学较为薄弱的情况，基于这一特殊情况，职业教育阶段可以考虑适当向语言及理工科学科倾斜，增加学习时长，配置更多教学资源。同时，由于以应用性为导向，职业教育理应配置更多的实操、实习课程。理想情况下，最好能让学生在校期间就充分熟悉对口行业的机加工设备、工作环境、工作方式与工作强度。

---

① 邓晖，晋浩天．职业教育：从“能就业”到“就好业”[N]．央广网（2018-03-06）．

② 教育部．半数以上高职毕业生家庭背景为农民与农民工[J]．当代畜牧，2015(21): 99.

附件：巴里坤县劳务培训

坚持“以培训促就业”的脱贫理念，按照“培训一人、输出一人、脱贫一户”的思路，结合实施“一户一科技明白人”工程，积极整合培训资源，依托县技能培训学校、农牧民夜校等二类培训资源，有针对性地开展贫困劳动力免费培训，增强贫困群众的就业能力，用技能改变贫困农牧民出路。特别是针对有资源有劳动能力但没有致富门路的“两有户”，巴里坤县“一对一”开出稳定脱贫“菜单”，强化培训和转移就业，确保了每个“两有户”家庭都能至少掌握一项实用的职业技能，实现有劳动能力的贫困家庭至少有一个稳定的就业岗位。重点围绕县域内农产品加工以及农村家庭传统手工业等开展培训。围绕市场需求和贫困劳动者意愿实施精准培训，有针对性地开展贫困劳动力职业技能和少数民族贫困劳动力国家通用语言培训，确保有培训愿望的贫困劳动力全部得到培训。对不愿意外出的贫困劳动力开展服装缝纫工、机绣工、牛羊养殖、产业种植、烹调、绿化保洁等致富实用技能和创业技能培训。针对“两后生”推广“师父带徒弟”的办法，“一对一”开展修理、焊工、酒店及餐饮服务等技能培训，边就业边培训。针对农产品加工企业和专业合作社发展需求，开展食用菌生产加工、肉牛肉羊养殖、奶驴奶驼养殖、特色餐饮、民族刺绣等工种培训。针对有创业愿望和具备创业条件的贫困劳动力开展企业注册、税务登记、人员管理、市场营销等创业知识培训。2016年以来，开展脱贫户国家通用语言培训456期，培训脱贫户14099人次；开展实用技术培训37期，培训脱贫户1202人次；开展宣传教育120期，宣传教育脱贫群众9052人次。同时，实施了巴里坤县建档立卡脱贫户能力引导培训及考察观摩活动以及巴里坤县致富带头人培训及考察观摩活动，完成培训274人。全县稳定转移就业贫困劳动力超过2000人，年人均增收3400元以上，实现了符合就业条件的贫困家庭“一户一工人”的目标。

案例 4-2

巴里坤县组织500多名农牧民参加职业技能培训

为认真贯彻落实党的十九大精神，加大职业技能培训力度，促进农村劳动力转移就业，按照自治区、哈密市相关安排部署，巴里坤哈萨克自治县从年初开展2019年“冬季攻势”培训工作，截至2月中旬，全县组织保安、中式面点、电工等技能培训班15个，共有500多名农牧民参加培训。

2月14日下午，在萨尔乔克乡苏吉西村文化大院里，来自哈密龙腾职业技能培训学校的教师正在对60多名牧民进行保安技能培训。今年42岁的阿兰·木拉提拜克平常饲养牲畜，收入来源较少，这次乡里举办保安培训班，阿兰积极报名参加，学习了保安技能，参加了国家通用语言培训，他说：“我就业后，不仅可以服务社会，还能增加收入。”

这些天，巴里坤县还在石人子乡大泉湾村开办了为期40天的中式面点培训班。在村委会厨房里，哈密博涛职业技能培训学校教师乌优普·艾则孜每天为村里的24名学员进行实际操作培训，大家一面听老师讲解要领，一面亲手尝试，进步很快。

今年50岁的拜来·尔孜旦，在开课第二天就学会了韭菜盒子和奶香玉米饼的做法，她高兴地说："感谢党和政府为我们提供这样好的学习机会，我要认真学习，不仅给家人做面点吃，有机会还要开饭馆，用双手创造幸福生活。"

八墙子乡在北戈壁村举办了为期40天的电工培训，邀请专业教师授课，采用理论和实践操作相结合的授课方式，根据学员的不同情况，分类指导，注重实效，确保学员学有所获、学以致用。学员们很快就学会了照明用电的相关技术以及安全用电知识。

巴里坤县"冬季攻势"培训因地施策，开展实用技术培训和国家通用语言培训，实用技术培训包括特色种植、牲畜养殖和防疫、保安、保洁、旅游、餐饮、电子商务等方面的培训，旨在通过培训让农牧民转变思想，激发动能，带动就业，增加收入。有关部门制定了培训工作方案，明确了培训目的、对象、时间、地点及课时要求，还征求农牧民的意见，选择切合实际的培训项目。

据了解，巴里坤县与哈密市有培训资格的学校联系，由这些学校的教师为农牧民讲课，场地由各乡（镇）的社保所联系提供，便于实践操作。培训结束时，经自治区、哈密市有关部门鉴定后，将为受训学员颁发相关《职业资格证书》，确保受培训的农牧民掌握一技之长，达到以培训促劳动力转移就业的效果。

结合国内外的相关研究以及巴里坤县脱贫的实践，教育是实现脱贫的重要方式，尤其是从大的时间跨度和代际传递的视角而言，教育对于消除长期贫困有着十分重要的作用。无论是理论还是实际扶贫脱贫经验

都显示，多建一所学校，少建一座监狱；家有良田万顷，不如身怀一技；学成一人，就业一人，全家脱贫有望。通过教育扶贫，更多的贫困地区人口可以提高自身身体素质，文化素质和就业能力。贫困地区青少年在学习、就业方面也可以获得更多的选择和自主性。最终，贫困地区代际传递的问题也得以解决，“决不让一个少数民族、一个地区掉队”的目标也可以实现。

第五章　医疗健康扶贫保障有效

要落实教育扶贫和健康扶贫政策，突出解决贫困家庭大病、慢性病和学生上学等问题。

——习近平《在十八届中央政治局第三十九次集体学习时的讲话》（2017年2月21日）

医疗健康扶贫是扶贫工作中“两不愁三保障”的重点之一，也是“整态化”必不可少的一环。巴里坤县根据中央的相关指示，确立了“健康巴里坤”的总体目标和定位，根据当地情况，形成了“一个特色、两个一批、三个精准、四方联动”的健康巴里坤模式。

一、今朝巴里坤

2017年9月23日，居帕尔·哈勒木一家遇到了突发变故。

一个半月前，居帕尔·哈勒木在医院确诊为系统性红斑狼疮，内分泌营养缺乏及代谢病。经过了一个半月的治疗以后，她在家因病去世。丈夫乌素甫汗·克依坦布在陷入巨大悲痛的同时，对于接下来的生活和两个孩子的抚养问题，感到纠结和不知所措。

后来，当地政府主动联系乌素甫汗·克依坦布，帮助进行了居帕尔·哈勒木的脱贫保险理赔。通过这次理赔，乌素甫汗·克依坦布获得了

52700 元的理赔金，其中住院津贴为 2700 元，身故金 50000 元。加上之前在哈密市第二人民医院住院治疗期间的大病保险理赔金 23409.4 元，乌素甫汗·克依坦布一家，成功避免了因病脱贫的困境。

乌素甫汗·克依坦布获得理赔金后，在当地承包了 200 多公顷耕地，添置了农用拖拉机，购买了春耕种子等物资。现在依靠国家的政策和勤劳的双手，他的日子一天比一天过得充实。孩子们在失去母亲以后，目睹坚强的爸爸一步步依靠自己的努力走出阴霾，也对未来充满了信心。乌素甫汗·克依坦布一家，在国家、县委惠民政策的帮助下，通过商业脱贫险，再加上自己的不懈努力，避免了再次返贫。

而这一幕，只是巴里坤县脱贫攻坚战医疗健康扶贫中的一个小小缩影。在近几年的扶贫工作中，巴里坤县医疗健康扶贫工作成果显著，逐步实现了“健康巴里坤”，有效防止了因病致贫、因病返贫的情况。相关医疗健康扶贫政策体系的设计和实施，形成了从国家到自治区到市县的成熟体系。

二、医疗健康扶贫政策保障体系

习近平总书记从扶贫工作长期发展，从巩固现有的扶贫工作成果和有可能出现的新的扶贫人口的角度出发，在多次扶贫会议中反复强调解决“两不愁三保障”的突出问题，其中“三保障”包含了“义务教育、基本医疗、住房安全”三大关键目标，其中医疗扶贫的重要性和做法也受到了各方重视。

巴里坤县在扶贫工作开始之初，就把医疗健康扶贫工作放到了重要位置，提出了“健康巴里坤”的概念。

县政府对于建设“健康巴里坤”提出了详细的方案，要两手抓：一手

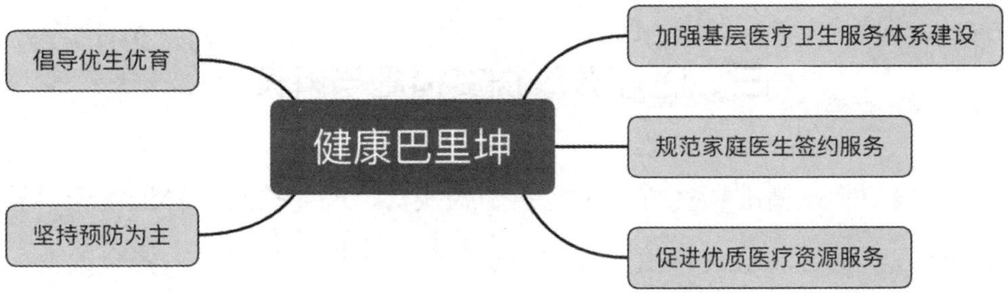

图 5-1 “健康巴里坤”概念

抓医疗体系，从服务体系、人力资源和医疗资源三方面入手，加强整体建设、提升整体质量；一手抓预防健康，防患于未然，全面倡导优生优育和坚持预防为主。

根据巴里坤县的医疗卫生现状，以及特色病地方病情况，在《巴里坤县脱贫攻坚与乡村振兴有效衔接》中，县政府为推进健康乡村建设，提出了建设“健康巴里坤”的目标。加快推进“健康巴里坤”建设，创建自治区级慢性病综合防控示范区。加强基层医疗卫生服务体系建设，巩固提升乡镇卫生院、村卫生室、社区卫生服务中心标准化和信息化建设成果，扎实开展全民免费健康体检和农民健康小药箱入户工程。规范家庭医生签约服务，加强妇幼、老人、残疾人等重点人群健康服务。促进优质医疗资源服务基层农村，逐步实现城乡健康服务均等化，提高各族农牧民的健康水平。倡导优生优育，加强和改进农村计划生育管理服务。坚持预防为主，深入开展爱国卫生运动，倡导健康文明生活方式。实施全面控烟行动，预防控制慢性病、地方病和重大疾病。根据规划，至 2022 年，培养基层医药卫生实用人才将分别达到 242 名、244 名、250 名、260 名、270 名。到

2022 年，计划每万名居民拥有全科医生 9 名。[①]

三、医疗健康扶贫措施与解读

一般而言，精准扶贫方式下包括金融扶贫、产业扶贫、异地搬迁、教育扶贫在内的各项扶贫帮困措施都属于外部性改造，只要投入资金改变外部人力、物力、资本禀赋要素就可以撬动扶贫开发困局。唯有医疗健康扶贫是内部性改造，需要从根本上干预贫困人口的健康状况，治疗乃至治愈现有疾病，改变生活习惯，实现疾病预防；从内部干预健康资本消耗方式从而实现劳动力释放，解决“因病致贫”的问题。当国家高度重视发展大计时，外部性改造易实施、已实施，内部性改造难实施、在实施。当外部性改造逐步被完成后，沉积下来的贫困问题都属于内部性改造问题。若拖而不为，必将导致发展的不平衡，加剧社会矛盾与问题，难中之难的“因病致贫”成为重中之重。

疾病是不能被一劳永逸解决的，每个人都面临疾病风险，或大或小。每个家庭，无论收入高低、财富多少，都有可能因为家人的患病与治疗导致积蓄耗尽。依据国家统计局统计监测公报，截至 2014 年底，我国农村因病致贫人口占总贫困人口的比重为 42%。尤其是在脱贫工作取得显著进展的今天，现有 3000 多万仍然处于贫困状态的建档立卡贫困人口中，老年人、病人、残疾人等特殊贫困群众比例在增大，特别是中西部地区农村居民抵御疾病尤其是大病的能力弱，因病致贫时有发生，在一些农村出现了“小病自我诊断、大病自我了断”的无奈，“因病致贫”成为脱贫攻坚最后一段路上的最大制约瓶颈，医疗健康扶贫任务仍然艰巨。

根据以往的研究表明，从理论特点判断，“因病致贫、因病返贫”有

① 韩雪峰．在自治县脱贫攻坚巩固提升动员大会上的讲话 [R]．巴里坤：无，2018.

三大特点：

基础性：健康是决定生产力的第一条件，“因病致贫”贫困人员的生产力无法释放，其内在基础薄弱亏空决定了即使通过外部资本投入进行外部性改造也无法层楼叠起，地基不实，兴楼必倒。

反复性、动态性：疾病即使被治愈后也存在复发风险，健康人员也可能随时罹患重症拖累全家，“因病致贫、因病返贫”属动态过程，无论社会发展水平如何，其发生风险的可能性是恒定存在的。

复杂性：疾病被有效治疗不仅需要资金投入，还需要匹配的医疗服务水平与能力，分秒钱可投，积年技难长。

这三大特点决定了解决“因病致贫、因病返贫”必然困难重重，成为小康社会建设所需要重点应对的挑战。应积极响应中央号召，“动员全党全国全社会力量，坚持精准扶贫、精准脱贫”，贡献智慧力量解决“因病致贫、因病返贫”的根源性问题，动员医疗保险和医疗救助力量，实施医疗健康扶贫工程，保障贫困人口享有基本医疗卫生服务，破解因病致贫现状，防止因病返贫发生。①

健康投资帮助个体保持健康状态，可以增加工作时间、提高工作效率、实现人力资本积累、促进生产生活。反之当陷入疾病时，则形成“健康水平低下—人力资本投入不足—贫困—健康水平再恶化”的恶性循环。构筑医疗保障“安全网”、破解“因病致贫”问题则可以帮助陷入或者即将陷入恶性循环的人员摆脱困境，实现生产力释放，助力脱贫攻坚。以医疗保障解决“因病致贫、因病返贫”导致的贫困是服务于发展大局，化解“人民日益增长的美好生活需要和不平衡不充分的发展之间的矛盾”的一种重要手段。化解因健康问题导致的贫困，核心在于解决支付能力

① 梁鸿，韩凤，翟绍果等. 新形势下破解因病致贫返贫问题的社会价值与现实困境 [N]. 中国医疗保险：2018-11-30 (38-40).

不足导致的医疗保障参与机会丧失、卫生保健和享受基本公共卫生服务机会丧失。

当前破解“因病致贫、因病返贫”问题的现实困境与难点如下。

导致“因病致贫”的具体因素可以分为经济因素、地区因素和环境因素。经济因素包括家庭经济承受能力（对疾病风险的抵御能力）和保障程度；地区因素则指区域医疗卫生资源情况；环境因素主要指环境对健康的影响（主要包括恶劣环境导致疾病高发）。尤其是在西部地区，经济因素、环境因素和地区因素同样作用于因病致贫问题，使得问题更为复杂。地区环境条件相对恶劣，农村人口健康水平低，慢性病、传染病高发。医疗卫生资源配置较东部地区不足，导致治病的间接负担和影响增加。由于部分地区甚至存在医药供给障碍，缺医少药，使得农村居民有病难治，得病后家庭劳动力骤损，陷入贫困。

按照理论指导与政策要求，全国各省、市、县医疗保险、民政救助、大病救助、慈善帮扶纷纷行动起来，探索“因病致贫”问题的解决之道，涌现出贵州省大方县提升农村贫困人口医疗保障水平的精准扶贫方案、湖北省通山县“资源共享、群体帮扶”扶贫模式、甘肃省临洮县“13885”健康促进扶贫模式等大量创新。但是问题依然严峻，尚未形成可以推广至全国的统一范式、做法，根源在于导致农村“因病致贫”问题的四大根本因素没有被瓦解。

1. 制度建设相对完善，保障落实相对不足

医疗保障“安全网”已初具规模，但是网眼大而粗，存在贫困人员因支付能力不足不能参保导致无法享受医疗保障的情形。且现行医疗保障救助政策采取费用“先垫付再报销”的模式。贫困人员患病后，主要依靠家庭积蓄来支付高额医疗费用，当积蓄不足又筹借不到资金时，往往会因无力垫付医药费而拖延治疗或放弃治疗。保障政策设置起付线，支付能力弱

的贫困人员够不到起付门槛。相对不足万元的年人均纯收入，疾病直接、间接医疗支出负担仍很重。

2. 帮扶资源分散、程序繁琐、职责不清、协调不足

基本医疗保险、大病保险、民政救助的待遇，从理论上而言，叠加报销水平高达 90%，但贫困人员却享受不到或者需要支出高时间成本才能享受。一则，资源分散使得医疗保障与救助政策相关资源分布在人社、卫计、民政、残联、红十字会、慈善总会等多个部门，政出多门、各自为战、分工不清，工作任务存在重叠、交叉，多管与多不管问题并存。二则，资源"碎片化"，信息不共享，单成系统、单设窗口，每项制度的运行成本高。三则，保障救助程序复杂，因为政策分散在各个部门，保障人群、保障方式、待遇标准各个部门都有独立的规定，往往导致申请、支付、报销流程过长，重复多次递交材料，手续烦琐。且贫困人员难以弄清楚可以享受的保障救助政策的种类和内容，弱化了政策效果。

3. 贫困地区基本医疗服务可及性差

常见疾病基本可以实现县内治疗，但典型致贫重病（如精神病、肾透析）仍需要前往州（市）就诊。基层卫生服务机构诊疗服务水平低，治疗不规范。疾病治疗方式可以优化，常见慢病治疗、常规分娩可以下沉基层完成，推广更具经济适宜性的技术。

4. 末梢治理，补救不及

政策设计都是针对已经发生的"因病致贫"问题进行补救，当贫困家庭已有灾难性支出后再报销或者补助，过程中家庭成员蒙受的生产、务工机会损失不能被弥补。[①]

---

① 梁鸿，韩凤，翟绍果等. 新形势下破解因病致贫返贫问题的社会价值与现实困境 [N]. 中国医疗保险，2018-11-30 (38-40).

四、医疗健康扶贫成就

巴里坤县根据当地的地方实际，形成了“一个特色、两个一批、三个精准、四方联动”的健康巴里坤模式。

（一）一个特色

巴里坤县在医疗健康扶贫中，选择引入了商业健康保险“脱贫险”，推进社会保障专项行动，打造“健康巴里坤”。调研时的数据表明，医疗扶贫险已救助 532 人次，最新数据显示半年共计赔付金额达 68.5 万元。

1. 实施医疗健康扶贫工程

完善县、乡、村三级医疗卫生服务网络，实施了乡镇卫生院和贫困村卫生室标准化建设和贫困人口免费体检工作，新农合和大病保险制度向贫困人口倾斜，将贫困人口全部纳入新农合和大病救助范围，贫困户参加新农合自筹资金由县财政负担，整合财政涉农资金 177.69 万元，为符合条件的 7058 名脱贫人口购买了健康保险，为符合条件的 3653 名脱贫人口购买了养老保险。城乡居民基本医疗保险、大病保险、养老保险、“脱贫险”商业保险参保率均达到 100%。已完成脱贫户家庭医生签约服务费个人部分（每人 28 元）的缴纳工作，合计缴纳 19.66 万元，杜绝了因病致贫、因病返贫现象的发生。

巴里坤县在基础医疗建设上收效显著，调研时的最新统计数据显示，巴里坤县 15 个乡镇场区的 13 个卫生院标准化建设项目全部投入使用。至此，全县乡镇卫生院标准化建设项目覆盖率达到 100%。同时，全县共建有 43 个村卫生室，基本实现了“小病不出村，大病不出县”的目标，使农牧民群众就医更为方便。以奎苏镇为例，2009 年，巴里坤县投入资金

294万元，在奎苏镇新建了建筑面积2000多平方米的卫生院综合楼，包括门诊部和住院部，开设了防疫、妇幼、妇产、护理、内儿科、口腔科、中医科等科室，并配有B超检查机、心电图机、半自动生化仪等医疗设备。卫生院在不断改善基础设施建设的同时，还注重人才培养，完善了文明行医准则、各类规章制度。2016年在修建综合楼的基础上，卫生院又修建了一栋辅助楼，购买和更新了医疗设备，辅助楼的修建使卫生院布局更加合理、环境更加优美、设施更加齐全、功能更加完善，受到当地群众的好评。

各村的村卫生室都为每一位村民建立了随来随查、方便快捷的健康电子档案，医疗程序更规范了，医生更专业了，村民也更信任了。健康电子档案建好后，体检中心根据一年一次的全民健康体检结果来完善档案信息。确定有高血压的人员被纳入公共卫生体系的血压慢病管理，医生会每季度进行一次随访，在每一季度中，如果病人血压偏高，医生会每周随访一次，结合家庭医生的诊断和门诊诊断，指导病人用药，使其疾病都能得到很好的救治，同时防患于未然。

通过投入建设硬件医疗设施和建立电子档案，确保已有的疾病能够得到有效治疗，并且解决贫困人口常见病、慢性病得不到及时治疗的问题。

2. 实施社会保障工程

积极完善农村最低生活保障制度，推进农村低保与扶贫开发有效衔接，将符合条件的贫困户108户209人纳入低保政策保障范围。健全完善低保家庭专项补贴发放机制，低保标准由2464元/年提高到了4440元/年。

巴里坤县城镇居民基本医疗保险和新农合实现了政策并轨，使城乡居民公平享受同等医疗保障待遇。另外，巴里坤县结合脱贫攻坚工作，县医疗保障局、民政、社保等部门建立了重大疾病医疗救助制度，解决城乡居民看病、住院等的后顾之忧。各族群众在享受城镇居民基本医疗保险带来的惠利的同时，巴里坤县近几年执行国家基本药物制度，实行网上阳光采购、统一配送、零差价销售，使广大老百姓真真切切、实实在在享受到了国家政策带来的实惠，有效减轻了各族群众用药负担。

海子沿乡尖山子村的牧民叶力斯汗·道提2018年年初患上胆囊疾病，分别在上海市浦东新区人民医院和乌鲁木齐医学院住院治疗，总共花费12万元，报销了9万多元，由于叶力斯汗的家庭是困难家庭，还享受民政部门医疗救助金1万元。叶力斯汗·道提感慨地说："十几年前，我患了重感冒，引起肺部感染，住院治疗花了1000多元，那是我一年的收入，现在看病国家报销，减轻了我们的负担。"

3. 加大贫困残疾人康复工程、特殊教育、技能培训、托养服务的实施

针对残疾人的特殊困难，全面建立了困难残疾人生活补贴和重度残疾人护理补贴制度，全县543名农村低保一二度残疾人低保金每人每月增加100元。

4. 建立困境儿童生活费补助政策

将全县225名符合条件的困境家庭儿童纳入救助范围，每人每月给予60元的生活补助。实施贫困家庭生育奖励政策，为467户计划生育贫困户发放奖励资金112.7万元。

（二）两个一批

2015年10月16日，国家主席习近平在减贫与发展高层论坛上首次提出"五个一批"的脱贫措施：发展生产脱贫一批、易地搬迁脱贫一批、生态补偿脱贫一批、发展教育脱贫一批、社会保障兜底脱贫一批。

而在医疗健康扶贫中，主要是通过"生态补偿脱贫一批"和"社会保障兜底脱贫一批"的两个一批来彻底实现医疗健康扶贫的目标。

1. 医疗健康扶贫之"生态补偿脱贫一批"

《巴里坤县脱贫攻坚与乡村振兴有效衔接》中提出，实施生态振兴行

动，推进健康乡村建设。加快推进“健康巴里坤”建设，创建自治区级慢性病综合防控示范区。加强基层医疗卫生服务体系建设，巩固提升乡镇卫生院、村卫生室、社区卫生服务中心标准化和信息化建设成果，扎实开展全民免费健康体检和农民健康小药箱入户工程。规范家庭医生签约服务，加强妇幼、老人、残疾人等重点人群的健康服务。促进优质医疗资源服务基层农村，逐步实现城乡健康服务均等化，提高各族农牧民的健康水平。倡导优生优育，加强和改进农村计划生育管理服务。坚持预防为主，深入开展爱国卫生运动，倡导健康文明生活方式，实施全面控烟行动，预防控制慢性病、地方病和重大疾病。2018 年至 2022 年，培养基层医药卫生实用人才分别达到 242 名、244 名、250 名、260 名、270 名。到 2022 年，每万名居民拥有全科医生 9 名。

新疆巴里坤哈萨克自治县花园乡卫生院家庭签约医生王晓丽反馈，签约群众因为真正从“家庭签约”中得到了实惠，所以签约服务的影响力越来越广。家庭医生签约服务项目有免费服务、有偿服务和个性化服务。提供有偿服务的医生每月会到家中指导老年人用药，进行健康体检，测量血压，测量空腹血糖。提供个性化的服务医生每周一次到居民家中指导用药，进行各项体格检查。现在周边的老百姓看病特别方便。

实现成果：全民体检覆盖的人员从 2016 年的 4.8 万人，增长到了调研时的最新数据 5.9 万人。巴里坤全面体检形成了一套全民体检分层分级制度，全面覆盖从孕妇、新生儿到离退休老人，形成了全民体检—家庭医生—医疗机构三方合作的有效机制。经过体检后，发现病情的转送专业医疗机构，得到有效控制后签约家庭医生定期访问，保障了居民的健康。

2. 医疗健康扶贫之“社会保障兜底脱贫一批”

《巴里坤县脱贫攻坚与乡村振兴有效衔接》中提出，夯实农村基础设施建设，强化农村社会保障体系建设。按照兜底线、织密网、建机制的要求，建立覆盖全民、统筹城乡、责权清晰、保障适度、可持续的社会保障体系。完善统一的城乡居民基本医疗保险制度和大病保险制度，做好农民重特大疾病救助工作。完善城乡居民基本养老保险制度，完善社会救助、扶危济困、最低生活保障等制度。强化残疾人康复服务，保障妇女儿童合法权益，积极构建养老、孝老、敬老政策体系和社会环境，加快老龄事业和产业发展，加快构建“以居家为基础、社区为依托、机构为补充、医养结合为手段”的多层次养老服务体系。根据调研前的最新统计结果显示，最新的城乡居民基本养老保险参保率分别达到97%、98%，城乡居民基本医疗保险参保率分别达到98%和99%；到2020年城乡居民基本养老保险和城乡居民基本医疗保险参保率均达到99%以上；到2022年实现城乡居民基本养老保险和城乡居民基本医疗保险全覆盖。

实现成果：推动医疗救助和社会保障建设。建立了全民健康体检工作长效机制，从2016年起，每年对城乡居民实施全覆盖的免费健康体检。建立健全向贫困人口倾斜的医疗救助制度，将贫困户参加新农合自筹资金纳入县财政预算，将贫困人口全部纳入大病救助范围，并对符合22类64种特殊重大疾病的贫困户进行补助，有效防止了因病致贫、因病返贫现象的发生。开展扶老、济困、助残、助幼行动，落实城乡养老保险制度，对16岁以上符合条件的贫困人口社会养老保险自筹部分由社会帮扶资金全额承担，基础养老金标准由每人每月200元提高到300元；健全完善农村最低生活保障制度，将符合条件的339户贫困家庭全部纳入低保，并在春节、肉孜节、古尔邦节、国庆节等重大节日实现困难群体、重点优抚对象慰问全覆盖，每个节日户均发放生活补助金600元；建立困难残疾人生活补贴和重度残疾人护理补贴制度，全县543名农村低保一二度残疾人低保金每人每月增加100元；落实困境儿童生活费补助政策，将全县225名符合条件的困境家庭儿童纳入救助范围，每人每月给予 60 元的生活补助；落实贫困家庭生育奖励政策，为 467 户计划生育贫困户户均发放奖励资金 2400 元。

（三）三个精准

解决导致“因病致贫”问题的四大根本因素是当前阻断“因病致贫、因病返贫”的关键，也是探索解决因病致贫问题获得政策范式的基础。从政策资源最大化利用、已有制度最大化保留的高效益视角看，应在已有的帮扶措施和制度的基础上，通过试点探索建立“集合力、聚财力、保救治、防贫困”的帮扶模式，以“精准”和“联动”的方式补足现有政策、制度设计的不足，整合形成政策叠加效应，织密安全网，解决因病致贫的问题。

精准是指对人员、患病、贫困成因予以精准的干预，瓦解根源性问题，精准识别人群、问题，精准治疗，精准帮助解决因病致贫家庭生产力不足、生产资本积累不足问题，从而实现脱贫。联动则需要整合帮扶资源、协同帮扶项目、明晰帮扶职责，实现制度建设的完善、烦琐手续的减少、帮扶效率的提高，形成政策联动、管理联动、服务联动和信息联动，提高保障效率和群众获得感。

上述“精准”和“联动”的帮扶策略可以总结为“三精准”“四方联动”综合帮扶方式。

所谓“三精准”是指在医疗健康扶贫的过程中，“精准识别”“精准治疗”和“精准脱贫”。①

“精准识别”是指以家庭劳动力和疾病状况为维度，对贫困患者进行精准分类。根据保障对象所患疾病分为 A、B、C、D 四类（A：卫生计生委公布的重大疾病前 50 种病种；B：可治愈的急性突发疾病，如骨折、肺

① 梁鸿. 破解因病致贫需“三精准”“四联动”[N]. 中国卫生，2018-07 (56-57).

炎等；C：疾控中心登记的慢性疾病患者；D：体弱多病患者），并按家庭有无劳动力分为“＋”（无劳动力）和“－”（有劳动力）两类。每位建档立卡人员按类别录入系统，以乡镇医生或村医月随访方式实现“动态化精准识别”。

“精准治疗”是指诊断正确，治疗正确，疗效有评估。患者可以获得有效且不过度的治疗，长期慢性病患者、大病重症患者获得随访管理，建立问责机制。

“精准脱贫”是指在精准识别和精准治疗的基础上，患者除获得政策范围内的报销，还可以获得个性化精准帮扶，按分类对其实施“四方联动”的差别补偿。长期患有重病、大病等的困难对象，在保障其直接医疗费用后，适当补偿其间接医疗费用，维持基本生活水平，做到治病脱贫。

实现成果：2015 年以来，巴里坤县投入大量资金，实施了萨尔乔克乡、海子沿乡、大河镇等乡镇卫生院标准化建设项目。截至调研开展时，巴里坤县 15 个乡镇场区的 14 个卫生院标准化建设项目已经竣工并投入使用，其中 2017 年开工建设的大河镇中心卫生院建设项目已进入室内外装修阶段。

（四）四方联动

“四方联动”指在“基本医疗服务 + 医疗保障 + 政府医疗救助 + 社会组织医疗帮扶”的基础上，将之整合、打包，向帮扶对象提供一站式帮扶服务，在降低贫困人员看病就医直接成本的同时，也降低他们的间接成本，从而做到“既治病、又脱贫”。[①]

基本医疗服务指各级医疗机构统筹协调，做好帮扶对象的疾病治疗、

① 梁鸿．破解因病致贫需“三精准”“四联动”[N]．中国卫生，2018-07 (56-57).

监测、健康管理和康复工作；通过分级诊疗体系建设、医联体建设以及远程诊疗等，实现医疗资源下沉，为贫困地区居民服务。

医疗保障要求建立多层次医疗保障制度，实现基本医疗保险、大病保险、补充保险之间的无缝衔接。

医疗救助需要完成对贫困户的医疗和生活救助，享受医疗保障后仍无力支付剩余医疗费用者，进入医疗救助体系，对特别困难者可以实施兜底保障。

社会组织帮扶则以红十字会、残疾人联合会及各种社会慈善组织为主，结合对口支援单位、社会医疗技术力量、爱心人士力量，实现个性化帮扶与机制补充。

实施“三精准”“四方联动”综合帮扶需要落实组织保障，建立领导小组，下设专项办公室，建立问责机制；实现制度整合，制定“四方联动”统一政策；建渠引源，通过信息系统整合实现对因病致贫人员就医后的一站式结算，解决群众报销难、跑路多的问题；接受各方监督，公开信息，公示帮扶效果。

近日，巴里坤县人民医院联合河南援疆心脑血管科、内分泌、中医科以及妇科等医疗专家，在巴里坤县石人子乡三十里馆子村开展了义诊服务活动。河南援疆医疗专家通过发放宣传手册和口头讲解等方式向前来就诊的农牧民群众宣传健康常识以及国家基本医疗政策，并为农牧民群众提供义诊、健康咨询、讲座等卫生服务。

从安阳到巴里坤的援疆医疗队员马启敏医生，原是安阳市妇幼保健院妇二科主任。2015 年，作为河南省卫计委派出的第七批援疆医疗队中的一员，马启敏在巴里坤哈萨克自治县人民医院工作了半年，业绩突出，和当地群众结下了深厚友谊。回到安阳后，她不顾家人和亲朋的劝说，再次援疆来到巴里坤县人民医院，并担任了医院副院长，她也是安阳援疆医疗队中唯一的女队员。“这里医疗条件相对落后，百姓看病不容易，需要我来；这里的医护人员和百姓的纯朴善良打动了我，我愿意来。”马启敏说。

附件：扎实推进“健康巴里坤”

截至 2020 年，医疗服务水平显著提升。“健康巴里坤”行动扎实推进，全民免费健康体检深入人心，医药卫生体制改革成果不断巩固，医联体、医共体、远程诊疗让群众共享优质医疗资源。累计投资 2.6 亿元，先后实施县医院综合住院楼、疾控中心、妇幼保健计划生育服务中心等医疗服务提升工程，15 个乡镇卫生院、40 个村（社区）卫生室标准化率达 100%，老百姓就近看病的愿望得以实现。

案例 5-1

马启敏和天山的约定

53 岁的河南援疆医生马启敏两次援疆来到新疆巴里坤哈萨克自治县人民医院，她用精湛的医术，给生活在这片土地上的各族妇女带来浓浓的暖意，人们亲切地称她为来自中原大地的“白衣天使”。

2015 年，河南省安阳市妇幼保健院妇二科主任马启敏，作为河南省第七批援疆医疗队队员在新疆巴里坤县人民医院工作半年。在巴里坤县人民医院，马启敏发现这里的条件还不如内陆的乡镇卫生院。马启敏暗下决心，一定要为巴里坤留下一支带不走的医疗队！

第一次援疆，她迅速组建了妇科门诊、妇科病房，把原单位先进的管理模式和规范技术移植到了巴里坤县人民医院。当地医护人员技术跟不上，她就自己天天坐门诊、带学徒，每天查房，手把手倾囊相授，把自己20多年的临床专业经验毫无保留地传授给当地医务人员，让许多危重病人转危为安。

马启敏带领巴里坤县医院的同事，在县人民医院先后完成了子宫全切除术、子宫肌瘤剜除术、卵巢肿瘤切除术、恶性肿瘤根治术、高危妊娠孕妇剖宫产等大小手术180多例。最忙的时候马启敏一天就做了六台手术。

马启敏了解到，位于天山北麓的巴里坤县地广人稀，一年中有半年时间是冰雪封山，大山里的牧民看一次病，先要骑马到乡镇，再坐公共汽车到县城，路上就要花费很长时间。如今，微信已成为人们最常用的信息沟通工具，就连天山深处的农牧民们也用上了微信。马启敏为了方便牧民就医咨询，建起了“马大夫在线”微信群。群里包括县医院的同行、乡镇卫生院的医生，主要服务偏远地区的危重患者、交通困难的复诊患者，有效解决了偏远乡镇农牧民看病难的问题。

34岁的哈萨克族孕妇曼妮扎·热合曼患有妊娠合并多发肌瘤，提前临产。情急之中，她在家通过“马大夫在线”向马启敏求救。马启敏看到微信立刻给曼妮扎·热合曼回了电话，通知她立即住院并组织抢救。从凌晨2点钟一直忙到凌晨6点钟，终于转危为安。曼妮扎·热合曼感动地说：“我的手术特别成功，儿子也健康出生了，取出了大小不等11个瘤子。我感谢马主任，马主任当了我们小孩的干妈了，成了一家人了，给他取名“河南别克”，河南别克，代表河南和新疆的友谊。”

这次“微信求救”后，马启敏更加坚定了办好“马大夫在线”微信平台的信心，她要让患者无论在何时何地都能感受到她的呵护。

2017 年，她第二次来到巴里坤县人民医院援疆，并担任了副院长。马启敏说：上次援疆，我主持开展了妇科微创腹腔镜项目，因为时间短未完成。这次回来希望兑现承诺，了却我一个心愿。”

“授人以鱼不如授人以渔”。马启敏在巴里坤县人民医院建立了师徒制，让援疆医疗小组的每位医生都带着当地医疗团队的医生，每组师徒互相监督学习，互相考核。经过马启敏及其他援疆医生的培养，当地医生都能自己独立完成妇科微创手术（如宫外孕、卵巢囊肿等中高难度的手术）。

二次援疆，马启敏带领巴里坤县人民医院的同事，先后诊治病人3200多人次，完成各类手术283例，成功抢救危重病人31例。她完成的“保留子宫动静脉上行支筋膜内的子宫全切手术”填补了新疆医疗的空白。现如今，在马启敏的精心指导下，当地许多医生都已经可以独当一面，完成了多项高难度手术。

哈萨克族一名患者在哈密市几家医院检查后，查出患有子宫颈癌、高血压病、贫血疾病，被告知需要到内陆去做手术，但是患者考虑到外地费用高，家人也不方便照顾，感到很为难。这时家里亲戚带来了好消息。患者说：“听亲戚朋友们说来了个专家马大夫，我们就让马大夫给看，她说让住院做手术，我们就同意了。”

一方面考虑到此手术在巴里坤县未有先例，属于妇科高难度手术；另一方面也是为了减轻患者家庭的经济负担，马启敏决定在县人民医院为患者进行宫颈癌根治手术。手术前，马启敏亲自组织相关科室进行病历讨论会，妇产科、检验科、麻醉科等科室负责人参与讨论。马启敏说："这个手术在巴里坤县人民医院是首例，因为这个手术要做广泛性子宫切除术加双侧附件切除术加盆腔淋巴结清扫术，是妇科手术中最复杂的手术，属于一个四级手术。"

历经 3 个小时，手术圆满完成。患者出院后，在丈夫精心照顾下，曾经饱受病痛折磨的她露出了久违的笑容。

马启敏感慨地说："好多朋友、同事问我，'你上有老下有小，身体也不好，还有风湿性关节炎。三年之内两次援疆，图个啥啊？'我说，我跟天山有个约定。"

五、巴里坤经验的启示和思考

连续几年来，巴里坤县的医疗健康扶贫工作紧抓全县医疗卫生服务网络建设工作和社会保障实施工作，实现和增强了群众的安全感和幸福感。巴里坤一线的健康医疗工作人员，在医疗健康扶贫的工作中，也收获了专业知识的成长和对自身工作的成就感和认同感，取得了有效的工作成果。

（一）医疗健康扶贫的可持续生计意义

通过医疗健康扶贫，巴里坤人民建立起了一个基于个体为单位，联合政府、医疗机构、基本医疗保障和商业医疗保障的医疗保障网络，有效提高了个体乃至家庭的抗风险能力，有效减少了因病致贫、因病返贫的可能性。并且，以往的案例证明，人民的健康水平提高后，生产活动效率也会随之提高，投资策略选择也更长远，生产选择的弹性更大。长远来看，医疗健康扶贫工作的有效进行，有利于提高人民的安全感和幸福感。

（二）医疗健康扶贫对于人民可行能力的意义

身体是革命的本钱，医疗健康扶贫是一切基本生产活动的保障，也是有效提高人民可行能力和降低人民脆弱性的必要条件。

一个人的可行能力是指此人有可能实现的、各种可能的功能性活动组合。功能性组合可以包含吃、穿、住、行、读书、看电视、社会参与等。“贫困是对基本的可行能力的剥夺，而不仅仅是收入低下。”试想一个人和家庭面临疾病和医疗风险的时候，对于其功能性活动的剥夺是根本性的。而医疗健康扶贫提供了有效解决办法，从根本上提高了个人的可行能力。

（三）医疗健康扶贫对于人民脆弱性的意义

根据世界银行的定义，脆弱性是指个人或家庭面临某些风险的可能，脆弱性高是贫困的特征之一。脆弱性包含两方面的内容：受到的风险和抵御冲击的能力。而疾病是个人和家庭最常面临的风险之一，医疗健康扶贫有效提高了抵御冲击的能力，从而降低了个人和家庭的脆弱性。

第六章　文化扶贫增进民族团结

没有高度的文化自信，没有文化的繁荣兴盛，就没有中华民族伟大复兴。

——习近平《决胜全面建成小康社会 夺取新时代中国特色社会主义伟大胜利——在中国共产党第十九次全国代表大会上的报告》（2017 年 10 月 18 日）

文化的贫困实质是心理贫困，是人民群众缺乏对美好生活向往的状态。文化精准扶贫的目的在于通过提高人民受教育水平，满足人民精神生活多样化需求，引导人民思想观念转变，激发群众内生动力，为发展提供精神动力与支持，最终达到引领、促进经济社会全面、协调发展的目的。文化扶贫是补足人在“整态化”中关键点的一环。

一、今朝巴里坤——打腰鼓的哈萨克族小伙子

花园乡花庄子村村委会大院内锣鼓喧天，热闹非凡，花园乡社火队的队员们正在排演“安塞腰鼓”，准备利用冬季赋闲为村里的各族群众表演。队伍中一位哈萨克族小伙子随着击鼓的动感旋律，尽情地挥舞着手中鼓槌，热情豪迈的舞姿，吸引了众人的眼球。

这位哈萨克族小伙子的名字是木拉提 · 伊马马里克，十年前，他从下涝

坝乡插花安置在了花庄子村，并且享受到了安居富民优惠政策，在自家的小院里建起了一套漂亮的安居富民房，并开始夏季外出务工，冬季养殖牛羊来增收致富。日子越过越红火的木拉提，却有了对精神生活的独特追求。

2018 年，花庄子村社火队开始招募队员，他听到这个消息，欣喜的报了名。为了能和大家更好地融入在一起，木拉提每天除了和大家一起排练以外，自己还在家里“加班”。就这样他不但能和大家很好的配合在一起，而且，他演绎的腰鼓成了 60 多人队伍中的佼佼者。

从陌生到熟悉，从一窍不通到得心应手，经过一个月的排练，木拉提和队员们已经将“安塞腰鼓”和“黑走马”演绎的惟妙惟肖。

在巴里坤县冰雪节的开幕式中，木拉提所在的社火队一炮打响，不仅在巴里坤县各个乡镇进行巡演，而且“跳出了”哈密，“跳上了”中央电视台，在 2018 年的大年初一，中央电视台在兰州湾子对花园腰鼓队表演的“安塞腰鼓”进行了直播。几日后，又受到了“新疆昌吉市 2018 年元宵节民间社火表演赛”组委会的邀请，并获得了展演奖的好成绩。

“安塞腰鼓”只是巴里坤人民群众文化生活日益丰富的一个缩影。在巴里坤县委县政府和社会各界以及人民群众的努力下，巴里坤县的文化生活越来越丰富多彩。

二、文化扶贫的政策保障体系

扶贫攻坚战打响以来，“精、准、严、实、细”的工作要求贯穿巴里坤县脱贫攻坚全过程，根据巴里坤县实际，制定了《关于打赢脱贫攻坚战的实施方案》和“十大专项行动”方案，建立了精准扶贫等“九项工作机制”，并层层细化完善、压实责任，确保各项工作精准到村、到户、到人、到项目、到资金。

巴里坤县高度重视精神脱贫，积极引导贫困群众互学互促，坚定自力更生、自我发展、主动脱贫的信心，用自身的努力摆脱贫困、实现富裕。具体体现在以下几个方面。

（一）坚持文化引领

巴里坤县牢牢抓住“思想脱贫”这个关键，坚持以加快补齐精神贫困这个短板为核心，注重外力帮扶与激发内力有机结合。牢固树立“扶贫先扶志、治穷先治愚”的理念，注重发挥帮扶干部的帮扶教育引导及脱贫群众的主体作用。注重发挥群众主体作用，通过多种形式，广泛开展“精神脱贫”系列活动，宣讲党的惠民政策、宣传先进典型，全面展示脱贫攻坚的生动实践和显著成效，凝聚起打赢脱贫攻坚战的强大正能量，有效教育引导贫困群众克服依赖心理，树立起自力更生、勤劳致富的思想观念，坚定积极参与、自我发展、主动脱贫的信心，激发自我“造血”谋发展的内生动力。

（二）文化扶贫与产业发展相结合

巴里坤县立足县域产业基础和资源禀赋，激发脱贫攻坚内生动力，因地制宜、因势利导，推行“一村一品或多品”“一户一业或多业”的产业扶贫模式，扶持文化产业，包括发展家庭手工业，依托县域民族刺绣产业基地和刺绣专业合作社，坚持“合作社 + 基地 + 农户”的模式，创新集中和分散相结合的经营方式，为符合条件的贫困人员发放刺绣机并免费进行操作技术培训。扶持发展乡村旅游业，结合美丽乡村建设，开发建设巴里坤湖、高家湖湿地等景区，举办杏花节、玫瑰花节、哈萨克民族风情节、蒙古族敖包节等以自然生态观光、民族文化展示、民俗风情体验、休闲度假养生为主的系列文化旅游活动，创优了乡村旅游发展环境。

（三）文化精准扶贫与民族地区特色相结合

巴里坤县内有汉族、哈萨克族、维吾尔族、蒙古族等 13 个民族。《中共中央关于制定国民经济和社会发展第十三个五年规划》中把“发展特色农业与民族传统手工艺”作为民族地区精准扶贫的着眼点与落脚点。2015 年 11 月召开的中央扶贫开发工作会议中指出：扶贫脱贫要把民族地区特有的资源优势转化为发展优势，因地制宜、精准扶贫的关键在于全面认识边疆少数民族地区的自然生态优势，做好资源转化，找到经济、社会、生态发展的新生长点，从而实现内生式发展，并修复和传承民族传统文化。

三、文化扶贫措施与解读

在脱贫攻坚工作中，巴里坤县立足实际，因地制宜，依托深厚文化底蕴、民族特色文化，不断完善公共文化服务、发展文化产业等措施是实现文化扶贫的具体途径。

（一）解放思想，转变观念

自 2015 年下半年开始，巴里坤县结合“两学一做”专题教育，组织开展思想大解放大讨论活动，深入学习领会习近平总书记围绕“全面建成小康社会”提出的一系列新思想、新论断、新要求，坚决摒弃抱着贫困县帽子“守摊子”“等靠要”的思想，坚定不移地把脱贫攻坚作为最大的政治责任、最大的民生工程、最大的发展机遇，坚持问题导向，增强补短板意识，挖“贫根”，寻“富路”，以精准扶贫项目为支撑、以产业发展带动为主线、以贫困群众为主体，积极探索边远贫困山区脱贫致富新途径。

扎实推进现代文化引领专项行动。注重发挥贫困群众的主体作用。坚持群众同心主推，开展“精神脱贫”系列活动，组织开展了第三个国家扶贫日“脱贫攻坚·我在行动”系列主题活动，教育引导贫困农牧民克服“等靠要”的依赖心理，树立自力更生、勤劳致富的思想观念。立足自身实际，自主创业、自我激励、自我发展，用自身的努力改变贫困面貌。建立社会扶贫宣传工作机制。通过拍摄脱贫攻坚微电影，举办贫困户脱贫攻坚小品大赛、文艺会演、政策宣讲以及绘制脱贫攻坚文化墙等方式，宣传脱贫攻坚的先进典型和各乡镇、各部门（单位）推进脱贫攻坚的好做法、好经验以及广大干部群众自强不息、战胜贫困的典型事迹，凝聚起打赢脱贫攻坚战的强大正能量。组织开展各类宣传活动。通过在广播电视、政府网站、“巴里坤零距离”开设专题专栏，邀请《新疆经济报》《哈密日报》等新闻媒体开展系列宣传活动，编制印发《脱贫攻坚知识宣传册》《脱贫攻坚应知应会》《脱贫攻坚专报》，营造全社会参与、共同推进脱贫攻坚的良好氛围，不断提升全社会的认知度和贫困群众满意度。

搬迁也使牧民的思想观念得到了根本性的转变。牧民搬迁后，由于新牧民搬迁定居点以及插花安置农区基础设施较为完善、科教文卫事业发展较快，各项配套设施和公共服务体系健全，推动了生产方式的根本性转变。子女就学、老人就医等以前较为困难的问题也得到了解决，极大改善了生产生活条件，提高了搬迁牧民的综合素质、收入水平和生活质量，加快了脱贫致富奔小康的步伐。

传统的畜牧业生产经营方式在转移转产中被打破，生产生活方式得到改变。随着身份的转变和择业途径的多样化，增收致富方式和渠道发生了根本性转变。加之，受地理位置相对优越、外出务工人员多，接受的信息相对边远山区丰富、农牧业生产水平相对较高等的影响，搬迁牧民获取了较以前更多的致富信息，接受知识和文化的能力不断提高，农牧业生产技能和综合素质得到了全面提升，使得牧民的传统观念正在逐步改变，加快了脱贫致富步伐。

（二）发挥群众主体作用，丰富文化助力

坚持文化引领，以培育和践行社会主义核心价值观为工作主线，以文化惠民工程为载体，宣传和培育“劳动致富最光荣”“自力更生、共同富裕”的理念，以文化助力脱贫攻坚。一是组建一支宣讲队伍。以村为单位，组建了由文艺骨干、基层宣传员组成的宣讲队伍，深入贫困村，走到困难群众中间，以小品、相声、快板等群众喜闻乐见的形式，举办各类集中宣讲活动40余场次，印发《脱贫攻坚政策措施宣传册》近万册、《脱贫攻坚专报》82期，宣讲党的惠民政策、宣传先进典型，用身边的事、身边的人教育各族群众，不断激发贫困群众摘掉贫困帽子的信心和思想自觉性，鼓励各族群众团结互助、共同发展。二是制定一个村规民约。充分发挥村民自治作用，全面修订完善村规民约，规范起名、割礼、婚礼、葬礼“四项活动”，引导村民移风易俗，有效改变婚丧嫁娶事宜大操大办的不良习俗，自觉弘扬勤劳节俭的传统美德，努力形成良好的社会风尚。三是建造一面美德文化墙。以社会主义核心价值观、中华民族传统美德、文明礼仪知识、道德模范故事、村规民约、扶贫帮困工作成果等内容为主，利用民居空白墙面，在街头巷尾、主要道路、文化广场等地绘制文化墙，通俗易懂、简洁明了地展示当地特色风情和村民精神风貌，弘扬扶贫帮困的传统美德和时代价值。四是建强一个文化阵地。每个贫困村建立一个理论夜校、文化活动、农家书屋等多功能的文化阵地，利用民族团结联谊活动、周一升国旗、“四问于民”民情恳谈会等载体，集中开展教育培训、知识宣讲、图片展、微电影、文艺会演等活动，提高群众致富技能，充分展示农村新风貌、赞美新生活，激发农民自信心和自豪感。五是建开展一系列主题活动。深入挖掘县域特色文化，举办全县“一节一会”

和各乡镇杏花节、玫瑰花节、哈萨克民族风情节、蒙古族敖包节等节庆活动，广泛开展“最美家庭”“创业能手”评选等系列活动，弘扬新风尚、集聚正能量，引领各族群众树立自强、自立、勤劳、节俭的价值观，共同建设美好家园，共享幸福生活。

（三）发挥政府主导作用，不断完善公共文化服务

巴里坤县发挥政府主导作用，不断完善公共文化服务。一是不断加大“两馆一站”开放力度。巴里坤县不断加大“两馆一站”开放力度，指导乡镇村文化站（室）做好免费开放工作，组织群众开展形式多样的文化活动，开展读书看报活动，丰富农牧民群众的文化生活。二是开展丰富多彩的“文化惠民”活动。县文化馆牢牢把握各民族“共同团结奋斗，共同繁荣发展”主题，通过完善公共文化服务体系、开展“文化惠民”活动、保护民族文化遗产等举措，增强各族群众的归属感、认同感、荣誉感。每年开展丰富多彩的群众文化活动，开设各类免费文化艺术培训班，开展送文化、送书、送培训下乡活动。通过各项各类惠民活动，不断满足各民族、各阶层、各领域人民群众的精神文化需求，加深了各族群众互融互通，促进了民族团结。引导激励民族文化艺术人才创作民族特色浓厚、积极向上、弘扬正能量的艺术精品，编排了一大批以民族团结、惠民政策宣传等为内容的文艺节目。高度重视民族民间文化保护传承工作，不断加大保护力度。认真开展民族团结创建、结对帮扶、民族团结一家亲等活动，发挥文化的吸引力、影响力和感染力，以社会主义和谐文化引领新时期民族团结，不断开创民族团结进步工作新局面。

（四）加强职业、国家通用语言教育和技能培训

加强职业教育和技能培训工作。重点围绕县域内农产品加工以及农

村家庭手工业等传统手工艺开展培训，围绕市场需求和贫困劳动者意愿实施精准培训，有针对性地开展农村劳动力职业技能和农牧区少数民族劳动力国家通用语言培训，确保有培训愿望的农村劳动力全部得到培训。针对旅游业的快速发展，开展旅游经营户、旅游带头人、旅游导游、乡土文化讲解等各类实用人才的培训，提高贫困人口旅游服务的能力；针对不愿意外出的农村劳动力开展服装缝纫工、机绣工、牛羊养殖等致富技能培训；针对“两后生”推广“师父带徒弟”的办法，“一对一”开展修理、焊工、酒店及餐饮服务等技能培训，边就业边培训；针对农产品加工企业和专业合作社发展需求，开展食用菌生产加工、肉牛肉羊养殖、奶驴奶驼养殖、水产养殖、民族刺绣等工种培训；针对有创业愿望和具备创业条件的农村劳动力开展企业注册、税务登记、人员管理、市场营销等创业知识培训。

推进教育扶贫。实施完成 7 所贫困乡村中小学标准化建设，新建 5 所贫困乡村幼儿园，改善了贫困乡村办学条件。全面落实国家、自治区、哈密市教育惠民政策，在实行 15 年免费教育的基础上，完善困难家庭学生资助政策，对 162 名贫困家庭高等职业生、本科生给予 5000 元的入学资助和每年 3000 元生活费补助，实现贫困家庭学生资助全覆盖。建立贫困学生帮扶工作机制，结合开展“三进两联一交友”活动，按照高级、中级、初级职称教师帮扶 3 名、2 名、1 名贫困学生的原则，全县教师对口帮扶 400 余户贫困家庭子女就学，实现了教育扶贫结对帮扶全覆盖。

（五）鼓励社会力量广泛参与，发展文化产业

1. 发展民族刺绣、民族服装、民族手工艺品等产业

结合民族传统特色、市场需求和农村生产生活特点，扶持发展群众积极性高、简单易学、投资小、产品有销路的民族刺绣、民族服装、民族手

工艺品等家庭手工业，采取“合作社＋基地＋农户”的模式，创新集中和分散相结合的经营方式，依托县城民族刺绣产业基地和民族刺绣专业合作社，对脱贫群众免费进行操作技术培训，扶持发展刺绣产业。

2. 发展特色旅游扶贫产业，为打赢脱贫攻坚战提供强大的发展动力

以自治县创建“国家全域旅游示范区”为契机，加快脱贫乡村旅游基础设施建设，加强重点村负责人、乡村旅游带头人、旅游从业人员的经营管理和服务技能培训，加大乡村旅游线路、旅游产品、特色农副产品等的宣传推介力度。通过金融扶贫贷款等政策，鼓励脱贫群众发展农牧家乐和乡村旅游服务业，立足自然资源和区位优势，完善海子沿乡尖山子村、石人子乡高家湖村、花园乡兰州湾子、大红柳峡乡昌家庄子等乡村旅游景区景点基础设施建设，引进先进经营管理方式，提升旅游发展效益，确保脱贫人口实现稳脱贫、可持续、能致富。坚持把旅游产业作为调结构、促就业、惠民生的战略支柱产业和重要富民产业，围绕创建“国家全域旅游示范区”和古城AAAAA级景区的目标，集中力量推进历史文化旅游、自然生态旅游、民俗风情旅游、冰雪文化旅游、现代农业和工业观光旅游“五种旅游业态”，发展点线面互通互联、周身一体的大旅游。坚持旅游景区带动脱贫，引导有一定劳动能力的贫困人员到景区打工，让他们由面朝黄土背朝天的农民变成服务员、司机、维修工等，实现了贫困农牧民就近就业；坚持旅游创业带动脱贫，发展特色乡村旅游，重点打造“一乡一品”特色乡村节庆品牌，将花园乡兰州湾子、昌家庄子、海子沿乡尖山子、石人子乡高家湖、三塘湖中湖村等一批旅游资源丰富的村庄，打造成为农业观光、民俗体验、休闲度假的乡村旅游示范村。

四、文化扶贫成就

（一）文化产业促进农牧民持续增收

充分发挥对口援疆优势，加快建设促进就业规模大、吸纳承载劳动力强、辐射带动面广的民族服装厂，积极推动河南安绣与巴里坤民族刺绣的深度融合发展，探索建立“工厂化生产 + 分散加工 + 集中营销”的发展模式，有效扩大服装刺绣产业带动辐射能力，促进农牧民持续增收。

截至 2018 年，乡村旅游接待旅客达到 52 万人次，乡村休闲旅游经营收入增长 25%，星级农家乐达到 25 家，着力打造 1 个乡村旅游示范村；2019 年乡村旅游接待游客 80 万人次，乡村休闲旅游经营收入增长 20%，星级农家乐达到 28 家；2020 年乡村旅游接待旅客 90 万人次，乡村休闲旅游经营收入增长 15%，星级农家乐达到 30 家；目标在 2021 年乡村旅游接待旅客 100 万人次，乡村休闲旅游经营收入增长 15%，星级农家乐达到 32 家；2022 年，乡村旅游接待旅客达到 120 万人次，乡村休闲旅游经营收入增长 10%，星级农家乐达到 35 家；形成以花园乡兰州湾子村、石人子乡高家湖村、海子沿乡尖山子村为代表的生态旅游名村。通过发展乡村旅游业，带动 138 户 485 名贫困人口脱贫，实现年人均增收 3000 元；坚持旅游商品带动脱贫，推动旅游停车场、旅游咨询服务中心、旅游商店建设，鼓励贫困农牧民开展手工艺品、旅游纪念品、土特产等经营，进而实现旅游收入，推动早日脱贫。通过以上措施的实施，使旅游业真正成为增加农民就业、提高农民收入、推动贫困农牧民脱贫的重要产业。

（二）丰富群众性文化生活，各族群众文化活动参与率明显提升，不断满足人民日益增长的文化活动需求

受益于本县深厚文化底蕴，近几年，通过支持和引导各族群众参与各类文体活动，各族群众参与率明显提升，群众性文化活动效果凸显。加强完善公共文化服务体系，深入实施文化惠民工程，方便各族群众就近就地开展文化活动，实现15个乡镇场区文化站全覆盖，完成46个村级综合文化服务中心建设，并配套相应的基础设施设备，设立了活动室、阅览室、健身广场等活动场地，开展了“民族团结一家亲联谊活动”“巴里坤的中国梦，文化进万家”、乡村迎春晚会等文化惠民活动，丰富群众性文化生活，满足人民日益增长的文化活动需求，坚定文化自信，推动社会主义文化繁荣昌盛。

表6-1　巴里坤县农村文化机构

单位名称	建设年代	建筑面积（m^2）	人员编制	所在地人口数
奎苏镇文化站	2009—2010	546	2	15345
大河镇文化站	2006—2007	410	2	20832
石人子乡文化站	2009—2010	400	2	8817
花园乡文化站	2009—2010	418	3	6313
海子沿乡文化站	2006—2007	410	4	6607
萨尔乔克乡文化站	2009—2010	400	无	4978
城镇文化站	2009—2010	400	无	15500
博尔羌吉镇文化站	2006—2007	410	无	4000

（续表）

单位名称	建设年代	建筑面积（m^2）	人员编制	所在地人口数
八墙子乡文化站	2006—2007	410	无	2754
下涝坝乡文化站	2006—2007	410	无	1099
良种场文化站	2011	660	无	1012
三塘湖乡文化站	2009—2010	400	2	1373
大红柳峡乡文化站	2006—2007	410	无	3385

资料来源：梁海波、王学农：《推进重点文化惠民工程，发展少数民族文化事业——以新疆巴里坤哈萨克自治县为例》，《兵团党校学报》，2013 年第 5 期。

附件：文化建设，建设文化巴里坤

截至 2020 年，巴里坤县在文化建设上，累计投资 2.3 亿元，实施小曲子传承中心、群众文化活动中心、县城及萨尔乔克乡足球场等一批群众性文体活动项目。13 个乡镇文化站、49 个村文化室、49 个农家书屋服务功能不断完善，公共图书阅览室、文化站（室）全部免费开放，有效满足城乡居民精神文化需求。

案例 6-1

蒲类大观园灯光滑雪、滑草场

蒲类大观园灯光滑雪、滑草场地处巴里坤县旅游胜地蒲类大观园内，是疆内距城市中心最近的滑雪场，总占地面积 8 万平方米，由巴里坤原旅游开发有限责任公司投资建设，是集旅游度假、运动休闲、餐饮、住宿、娱乐为一体的大型游乐场所，是冬季滑雪度假、夏季消暑旅游的理想选择。

滑雪场拥有初、高级雪道及拖牵索道，开设了滑雪板、雪圈、雪地摩托车、雪地足球等集运动性、趣味性、娱乐性为一体的雪上娱乐项目，雪场可同时容纳200人滑雪。

雪场阳光休闲大厅总建筑面积860平方米，厅内设有世界品牌雪具专卖店、更衣室及购物超市，并提供出租雪服雪具等服务。最先进的滑雪场ID卡智能管理系统，可快捷、迅速地办理滑雪手续。

30多名专业滑雪教练亲授各项滑雪技能，使游客享受滑雪带来的开心与刺激。

设施齐全的医务室，专业的医护人员及消毒烘干室，可确保游客安心、放心地享受滑雪运动带来的乐趣。

大厅内还提供咖啡、冷饮、快餐等，把冬季的生活点缀的更加丰富多彩！

滑雪场特设灯光夜场，身处雪场最高点，可欣赏到巴里坤县绚烂的夜景。

案例6-2

巴里坤县冰雪节筹备工作火热进行 80余名农牧民务工增收

主题为“激情冰雪巴里坤·同心共筑小康梦”，2017年哈密市冰雪节暨巴里坤县第十三届冰雪文化旅游节将于12月29日开幕。同年，冰雪节各项筹备工作正在火热进行中。来自全县各乡镇的80余名农牧民在此务工增收。

12月15日，记者刚走进巴里坤县蒲类海滑雪场附近就听到了欢快的秧歌乐声。陕北和传统相结合的新版秧歌节目，正在这里如火如荼地排练着。

今年50多岁的刘淑花是团结路社区居民，年轻时就喜欢跳舞，经常参加县里组织的各类群众性演出，成了社区有名的“舞蹈明星”。她经常义务教社区居民跳广场舞、扭秧歌，赢得了同样喜爱文艺的一些伙伴的尊敬和信任。在即将到来的冰雪文化旅游节上，她们会全力以赴，以最好的状态亮相。

在蒲类海滑雪场，运雪车辆接踵前行。工人们有的卸雪、有的搭建雪雕模板，有的挥锹扬雪，正在抢抓工期制作冰雪雕。入口处的雪雕区，雪堆高高耸起，长约30米、高达9米的大型雪雕作品的主体已凸显，十九大主题“不忘初心、牢记使命”的巨型字体及国旗等元素也初显轮廓。

此次冰雪节的主会场设在蒲类大观园，整体规划水平较高，冰雪园区内共制作冰雕作品58个，大型雪雕作品5个，形式多样的冰雪雕作品全部出自“冰城”哈尔滨冰雕大师之手。

在彩灯大世界制作现场，工人们加班加点制作彩灯，干得热火朝天。今年与往年不同的是，整个主场地灯光以喜庆的红色为主。今年为广大游客打造晶莹剔透、五彩缤纷的冰雪世界。

蒲类滑雪场经理李红梅介绍说，巴里坤县冰雪节筹备工作展开后，农闲之余各乡镇的农牧民们也纷纷来到蒲类海滑雪场务工增收，有80余名农牧民从事电工、拉运和打磨冰块等工作。

五、文化扶贫经验的启示与思考

（一）结合当地问题对症下药

巴里坤县因学致贫、因缺技术致贫占比较高，且有培训就业意愿的贫困劳动力占贫困劳动力总人数的比例并不高。这些数据背后反映出的是当地的贫困文化：少数民族人口国家通用语言能力差，观念较为落后，文化素质有待提高。“等靠要”思想严重，接受新观念、新技能致富能力弱，增收致富主观能动性不强。具体而言，导致该地区贫困的文化原因包括：低收入水平导致物质生产、发展与消费先天不足；封闭保守、安土重迁等一系列固有价值观，导致主动获取、吸收的内生能力缺失；当地教育水平普遍偏低，导致轻视知识、文化审美观差异、物质和精神生活不协调等。

采取了一系列举措后，巴里坤县脱贫摘帽。最重要的启示在于发挥民族文化优势，将本地文化与精准扶贫工作相结合。具体而言，一要应当弘扬优秀传统民族文化，开展具有时代特色、民族特点的文化活动，在村庄内部形成积极向上、勤劳致富的文化氛围。二要深入发掘当地文化底蕴和人文内涵，找准文化定位，发展乡村旅游业，提升乡村旅游的文化内涵，让游客参与和体验乡村民俗活动和原汁原味的农趣，感受民族文化的魅力，形成本地具有差异化的文化竞争优势。但同时也要科学开发，尊重山水环境的自然性、景观的多样性和层次的丰富性，做到既保护原有的自然与人文环境，也增加当地的独特魅力，实现开发与保护的动态平衡。三要在了解民族性格、民族历史与当地风俗、尊重各民族文化共同繁荣的基础上，因地制宜、有针对性地采取措施，以最大程度地激发当地人民群众的内生动力。

习近平总书记强调：要推动乡村文化振兴，加强农村思想道德建设和公共文化建设，以社会主义核心价值观为引领，深入挖掘优秀传统农耕文化蕴含的思想观念、人文精神、道德规范，培育挖掘乡土文化人才，弘扬主旋律和社会正气，培育文明乡风、良好家风、淳朴民风，改善农民精神风貌，提高乡村社会文明程度，焕发乡村文明新气象。①

（二）实施文化振兴行动

高举习近平新时代中国特色社会主义思想伟大旗帜，紧紧围绕实现农业农村现代化这个实施乡村振兴战略的总目标，做好农村宣传思想工作，坚持物质文明和精神文明一起抓，建强农村意识形态阵地，加强农村思想道德建设，完善农村公共文化体系，加强乡村文明建设，培育文明乡风、良好家风、淳朴民风，推动乡村文化兴盛，焕发文明新气象。

1. 建强基层文化阵地

实施乡镇综合文化站达标工程，加快推进全县 49 个行政村综合文化服务中心“九位一体”示范村创建工作，基本建成覆盖县、乡、村三级的现代公共文化服务体系，乡镇综合文化标准站和行政村综合文化服务中心实现全覆盖。加强偏远乡村体育健身设施建设，推进农村乡镇、村（社区）、城乡接合部广播电视“户户通”和“大喇叭”工程。所有行政村实现健身活动场地全覆盖。推进实施文化信息资源共享工程，2022 年实现县级公共图书馆、文化馆建有公共电子阅览室，免费提供上网服务。

2. 加强公共文化产品和服务供给

推动农家书屋工程提效升级，加强乡镇图书阅览室和农家书屋的日常管理，开展讲座、展览、读书演讲、送书下基层和“流动图书馆”送阅读

---

① 习近平在参加十三届全国人大一次会议山东代表团审议时的讲话，2018 年 3 月 8 日。转引自陆汉文、黄承伟主编：《中国精准扶贫发展报告（2018）——稳定脱贫的深层挑战与有效途径》，社会科学文献出版社，2018 年，第 149 页。

下乡等活动，让全民阅读活动进农村、进家庭，全县每个农家书屋配备的图书不少于1500册，每年新增图书不少于60种。推进农村电影放映工程，确保每村每月至少放映1场，力争到2022年在三塘湖、奎苏、大河等具备条件的乡镇逐步建成农村小型数字影院。积极组织开展全民文化艺术普及、全民健身、科技下乡、科技活动周和群众性法治文化宣传活动，每年开展送文化、送科技下基层活动。加强历史文化名城、名镇、名村，传统民居、古树名木保护工作，推进石人子沟遗址群、岳公台—西黑沟遗址群（兰州湾子遗址）、大河唐城、烽燧等国家重点文物保护展示工程，深入挖掘巴里坤农耕文化、草原文化中蕴含的人文精神，试点规划建设兰州湾子、三塘湖、高家湖等重现原生态田园风光和原本乡情乡愁的历史文化村落，让文物说话，让历史发声。开展乡村经济社会变迁物证征藏工作，让乡村传统历史文化符号成为留得住的乡愁。

3. 推进农村居民文明素质提升

一是以创建全国文明城市活动为契机，持续强化中国梦、马克思主义“五观”、社会主义核心价值观、“五个认同”、党的民族宗教政策、新疆“四史”“去极端化”等内容的宣传教育，结合乡（村）规民约，引导农牧民群众增强国家意识、公民意识、法治意识和中华民族共同体意识。扎实开展“民族团结一家亲”和民族团结进步创建活动，以及“我是中国公民宣誓活动”“国旗下的宣讲”和“巴里坤的节日”等系列活动，深入开展“文明家庭”“最美志愿者”“好媳妇”“好婆婆”等评选活动，倡导喜事新办、丧事简办和健康文明的生活方式，促进各民族交往交流交融，加快建设和谐稳定美丽新农村。

4. 开展“四个一批”评选表彰活动

评选一批自强脱贫户、一批热心帮扶干部、一批骨干带贫企业、一批爱心援建单位，选树先进典型，进行表彰和宣传，建立正向激励机制，引导贫困户依靠自己的双手摆脱贫困、创造幸福美好生活。

5. 推行村规民约治理

把乡贤文化、家风家训与移风易俗、倡树典型有机结合，以乡镇、村（社区）为单元，发动村（居）民参与制定、完善村规民约的全过程，自觉养成遵守村规民约的良好习惯，引导广大农牧民由“要我文明”向“我要文明”转变。广泛开展诚实守信、信用至上、诚信兴业、履约守信等主题宣传实践活动，深入开展农村行业领域诚信突出问题专项整治，完善守信激励和失信惩治机制，促进由征信到诚信，推进诚信建设制度化。力争到 2022 年，全县制定村规民约村达到 100%，县级以上文明乡镇、村（社区）占比达到 90% 以上。

6. 以创建全国文明城市为载体，在各乡镇场区、村（社区）广泛开展文明科室、文明职工评选活动，把群众性精神文明创建活动推向家庭

倡导劳动致富光荣，幸福都是靠勤劳的双手奋斗出来的理念，着力提高基层群众的思想觉悟、道德水准和文明素养，倡导文明行为“从我做起、从小事做起”，逐步提升各族群众文明素质和社会文明程度。扎实开展以“四好三美一卫生”（思想好、家风好、学习好、团结好，人美、屋美、院美，厕所卫生）为重点的“美丽庭院”创建活动，引导基层群众积极参与环境卫生整治、农村改厕和卫生单位（社区）创建活动，养成文明健康的生活方式。

案例 6-3

巴里坤县婚庆文化园婚礼习俗

巴里坤县婚庆文化园是疆内首家集婚庆、餐饮、休闲等特色服务为一体的一站式中式婚庆文化综合园区，对外主要承接婚宴、

寿宴、百日宴。在今年重阳节期间，巴里坤县成功举办了“相濡以沫五十年·孝老爱亲美德传”金婚庆典仪式，12 对金婚老人在这里度过了难忘而幸福的金婚庆典。

大红花轿、浩浩荡荡的迎亲仪仗队、拜天地、掀盖头，身穿“凤冠霞帔、状元服”的中式婚礼，“追寻文化根源、重视传统民俗”成了现代人的新“时尚”。

巴里坤人追根溯源，大多来自全国各地，汇聚到巴里坤，在这里生儿育女，建设这片热土。当时这里地广人稀，交通不便，但人们一直完整保留着民间传统婚俗的六礼，包括纳采、问名、纳吉、纳徵、请期、迎亲，六礼中的每一个环节都有一个较为正式和隆重的仪式，它为相互不能自由结识的男女走向婚姻的殿堂提供了慎重而周全的保证。

流传到今天，巴里坤县婚俗的一些步骤和环节有了简化，但是迎亲这一项还是极为隆重。

“迎亲”是六礼中最隆重的礼节。没有迎亲的新郎，就没有出嫁的新娘。古代亲迎，有徒步的，也有用车的，比较普遍的是用八人大轿去迎亲。

抬轿的人必须身强体壮，遇上别人家的花轿，绝对不可以与他们碰头，必须绕着走。迎亲回来时，还要走另一条路回去，取不会走回头路之意。如果途中经过庙、祠、坟、井、河等处，必须由男方娶亲的人手张红毡子将花轿遮盖，有“避邪”的意思。

再说“吃”，巴里坤乡间的婚宴，俗称土席，是当地面食、肉食、菜食类饮食的一次高规格集中亮相。巴里坤人热情实在，一家的婚宴往往是全村的喜事。一场婚宴热闹与否，也是对主人威望高低和人缘好坏的检验。

婚宴的关键词是“吃好”，正席开始的第一天吃包子，寓意为生活圆圆满满；第二天吃臊子面，寓意为日子长长久久。第三天是娶媳妇嫁女儿的正日子，也是主人家的“正席”，是菜品集中亮相的日子。在老辈人的记忆里巴里坤民间婚宴曾有两种最高形式——“八大碗”“九魁席”。

所谓“八大碗”是指一张八仙桌坐八个人，用清一色的大碗呈上四荤四素八道菜。所有菜品在选料、刀功、火候的掌握以及配料的选择上都颇有讲究，既营养丰富，又经济实惠、搭配合理，色、香、味、形俱佳。这大概源于清初到清末，巴里坤有大量的旗人进驻，其中满洲贵族为数不少，“八大碗”是满汉全席的缩影。

“九魁席”则源自回族的“九碗三行子”，宴席上的菜全部用九只大小一样的碗来盛。同时，九只碗要摆成每边三碗的正方形，这样，从东、南、西、北任意一个方向看都成三行。菜的摆放也自成规矩，一般先上四个角的“肉菜”，然后再放四个边的“门子”菜，而且“门子”菜花样和原料虽有区别，但形式要相同。如果东边是“羊肉丸子”，西边的菜则必须是“牛肉丸子”。

随着时代的演变，虽然一些菜品被逐渐取代，而且一桌菜的数量早已远远超越了“八大碗”“九魁席”的规格，但羊肉烧条子、汆汤丸子、粉蒸肉、红烧鸡块、糖醋里脊、烧排骨等特色大菜被保留了下来，依然是巴里坤乡间婚宴上的主角。

与在餐厅办一场婚宴相比，乡村土席更为热闹喜庆。这种喜庆更多的体现在操办过程中那浓浓的人情味儿。冲这一点，更多的巴里坤人固守着传统，不厌其烦的操办土席，也在无形中延续着一种乡俗乡情。

在这个喜庆的日子，共同品味独具风味的巴里坤土席，品味淳朴浓郁的乡俗乡情，享受别样的乐趣。

第七章　边疆特色扶贫铸就和谐干群关系

农村要发展，农民要致富，关键靠支部。

——习近平《在河北省阜平县考察扶贫开发工作时的讲话》（2012 年 12 月 29 日、30 日）

农村基层党组织是党在农村全部工作和战斗力的基础，是贯彻落实党的扶贫开发工作部署的战斗堡垒。抓好党建促扶贫，是贫困地区脱贫致富的重要经验。要把扶贫开发同基层组织建设有机结合起来，抓好以村党组织为核心的村级组织配套建设，把基层党组织建设成为带领乡亲们脱贫致富、维护农村稳定的坚强领导核心，发展经济、改善民生，建设服务型党支部，寓管理于服务之中，真正发挥战斗堡垒作用。

——习近平《在河北省阜平县考察扶贫开发工作时的讲话》（2012 年 12 月 29 日、30 日）

扶贫开发，要给钱给物，更要建个好支部。要把扶贫开发同基层组织建设有机结合起来，抓好以村党组织为核心的村级组织配套建设，鼓励和选派思想好、作风正、能力强、愿意为群众服务的优秀年轻干部、退伍军人、高校毕业生到贫困村工作，真正把基层党组织建设成带领群众脱贫致富的坚强战斗堡垒。

——习近平《在部分省区市扶贫攻坚与“十三五”时期经济社会发展座谈会上的讲话》(节选)(2015 年 6 月 18 日)

要加强贫困村“两委”建设。要深入推进抓党建促脱贫攻坚工作，选好配强村“两委”班子，培养农村致富带头人，促进乡村本土人才回流，打造一支“不走的扶贫工作队”。要充实一线扶贫工作队伍，展现贫困村第一书记和驻村工作队作用，在实战中培养锻炼干部，打造一支能征善战的干部队伍。农村干部在村里，工作很辛苦，对他们要加倍关心。

——习近平《在十八届中央政治局第三十九次集体学习时的讲话》(2017 年 2 月 21 日)

各级党组织是脱贫攻坚最终成功的基本政治和组织保障。“整态化”下的基层党组织在充分发挥了团结和联系各族群众作用的基础上，经过脱贫攻坚的洗礼，必将为未来乡村振兴打造一支合格的队伍。

一、今朝巴里坤——结亲一家亲

案例 7-1

对于奎苏镇牧业村叶尔肯·霍恩海而言，2016 年 10 月 20 日这一天是值得纪念的日子，因为这一天他们家将与奎苏镇的一位名叫陈宁的汉族兄弟结“干亲”，这位汉族兄弟将把他儿子认作“干儿子”。叶尔肯·霍恩海一家一大早就忙着烧奶茶、煮羊肉，以最特别的方式欢迎这位汉族兄弟的到来。

提起两家结“干亲”的事，就不能不提到奎苏镇牧业村脱贫攻坚工作的开展。2016年年初，在奎苏镇党委政府安排下，陈宁与叶尔肯·霍恩海结对，来帮助叶尔肯家脱贫。因为工作关系，陈宁会时常到叶尔肯家了解他的生活生产情况。在交往的过程中，陈宁发现叶尔肯其实是一个非常勤快、能干的人，贫困的主要原因是没有技术。于是，陈宁专门为叶尔肯量身定做了一套帮扶方案：先安排叶尔肯参加了电焊和园林管护的技能培训班进行学习，然后联系合作社和负责镇区园林管护的公司推荐安排他到相应的工作岗位。针对叶尔肯家拥有天然草场的优势，陈宁主动与其他农民协调，让叶尔肯“代牧”他们的牲畜，增加其收入，而仅此一项叶尔肯家的收入就比前一年翻了一番。终于在2016年9月，牧民叶尔肯·霍恩海一家摘掉了贫困的“帽子”。

在陈宁的帮助下，叶尔肯家的生产经济有了保障，加上平日里的频繁走动，叶尔肯·霍恩海一家与陈宁也形成了水乳交融的亲情关系，叶尔肯1岁的儿子萨木哈尔更是对陈宁产生了依赖感。因此，叶尔肯·霍恩海一家决定把儿子拜给陈宁当干儿子，两家人成了“干亲家”关系就更近了。

“结对认亲”，民族团结一家亲助力边疆人民脱贫。虽然民族不同，语言不通，仅奎苏镇已有30多对民汉结为“干亲家”。他们有的是在日常互动的过程中自发结的亲，有的则是踊跃响应并通过“民族团结一家亲”活动拉在一起的兄弟。无论是以何种形式结为“干亲家”，建立起来的感情都是实实在在的。在相关政策的鼓励下，涌现出来更多的干群结对、民汉结对、村民结对、师生结对、学生结对。一个个鲜活的人物，一个个平凡的故事。很多家庭因结亲结对而脱贫，并且，各民族的人也在交往中增进

了感情而成为亲密的一家人，这些民族团结的小事也正是巴里坤县各民族团结一心共谋发展的缩影。

结亲增进了各民族的了解，其中的深情厚谊真正体现了各民族老百姓像石榴籽一样紧紧地拥抱在一起，和睦相处、和衷共济、和谐发展的现状。这也是边疆地区扶贫其中一个特色的体现。在精准扶贫开展过程中，巴里坤县根据自身的特点，探索出了一条符合民族边疆特色的扶贫之路。

二、边疆扶贫的政策保障体系

巴里坤县以《自治县脱贫攻坚惠民政策》为基础，构建社会保障、创业就业、教育事业、医疗卫生等相关保障体系，并对贫困户、残疾群众予以特殊的关怀。按照“一年集中攻坚、三年巩固提升、2020年全面建成小康社会”“三步走”的任务目标，全面巩固提升精准脱贫成果。在2016年实施集中攻坚，实现贫困县摘帽、贫困村退出、贫困人口脱贫，实现“两不愁三保障”目标任务的基础上，到2017年，综合贫困发生率稳定控制在0.77%以内；到2018年，脱贫基础更加稳固，综合贫困发生率稳定控制在0.5%以内；到2019年，脱贫基础全面提升，综合贫困发生率实现动态清零；稳定实现贫困人口不愁吃、不愁穿，义务教育、基本医疗和住房安全有保障，贫困村农牧民人均可支配收入增长幅度高于全区平均水平；到2020年，脱贫群众实现思想脱贫、稳定脱贫、全面脱贫，基本公共服务主要指标接近全国平均水平，确保全县各族群众同步进入全面小康社会。当然，想要实现2020年全面脱贫，巴里坤县边疆扶贫仍然任重而道远，还需要拿出“长征精神”来打赢脱贫攻坚这场战役，真正做到“急民之所急、谋民之所想、解民之所困”，争做脱贫攻坚战斗中的排头兵和领头羊，边疆扶贫，打赢脱贫攻坚之战，时不待我、只争朝夕。

随着巴里坤县域综合经济实力明显增强，农业农村基础条件得到全面改善，民族团结的发展基础得以巩固。在确保发展成果充分惠及民生，把公共财政预算支出和援疆资金的80%以上用于保障和改善民生的基础上，提高了各族群众的获得感、幸福感，极大地赢得了民心、凝聚了人心，巩固和发展了民族团结的民心基础。为了更好地巩固脱贫攻坚的成效，克服过关松劲的思想，2018年，巴里坤县制定了《巴里坤县脱贫攻坚巩固提升2017—2020年三年规划》《巴里坤县脱贫攻坚巩固提升三年行动实施方案及任务分解方案》《2018年脱贫攻坚巩固提升工作方案》《精准帮扶工作手册（2018—2020年）》《关于加强部门帮村干部包户工作的通知》《扶贫生产畜管理办法》《脱贫攻坚巩固提升任务分工方案》《巴里坤县扶贫领域腐败和作风问题专项治理工作联席会议制度》《巴里坤县关于健全特困人员救助供养制度实施意见》《巴里坤县民政社会救助资金发放管理实施细则（试行）》《巴里坤县2018年农村低收入群体巩固提升实施方案》《巴里坤县就业创业联席会议制度》《贫困动态预警监测机制》《关于在脱贫攻坚中实行实名制管理的工作方案》《巴里坤县脱贫攻坚工作成效督导考核办法》《巴里坤县民政社会救助资金发放管理实施细则（试行）》《巴里坤县巩固提升医疗救助制度 全面开展重特大疾病医疗救助工作方案（试行）》《巴里坤县2018年度统筹整合使用财政涉农资金实施方案》《巴里坤县2018年统筹整合使用财政涉农资金管理办法》等各类制度方案，争取做到“摘帽不摘责任、摘帽不摘政策、摘帽不摘帮扶、摘帽不摘监管”，全面巩固提升脱贫攻坚成果，推动实现思想脱贫、稳定脱贫、长期脱贫和全面脱贫。

三、边疆扶贫措施与解读

（一）加强党建促脱贫

1. 加强党的领导，凝聚脱贫攻坚强大合力

发扬好县委总揽全局、协调各方和“一线指挥部”的作用，充实和加强县脱贫攻坚指挥部力量，实行“周例会、月推进会、季问责问效、年度考评”制度，定期召开常委会、四套班子联席会议、脱贫攻坚领导小组会议及各类专题会议研究脱贫攻坚工作，形成协调有序、指挥有力、衔接顺畅的领导体系。坚持“党政同责、一岗双责”，实行党政一把手“双组长”负责制，县、乡、村三级书记一起抓，选优配强重点村第一书记；落实县党政主要领导负主责，重点发挥好统筹谋划、决策部署、沟通协调和检查指导等作用，其他班子成员各司其职、各负其责，履行好各类专项行动指挥长责任包干、具体抓，主动承担脱贫攻坚任务的职责，形成统筹推进、无缝衔接、协调联动、齐抓共管的工作格局。

2. 精派党员干部竭尽全力地帮扶

推进脱贫攻坚与基层党建、“访惠聚”“民族团结一家亲”、党员干部联乡包村（社区）入户等工作深度融合，制定了《脱贫群众联系帮扶管理办法》，层层细化、压实工作责任，构建形成协调有序、高效运转、联动有力、确保落实的保障机制。市、县、乡三级3041名党员干部包联贫困村、结对帮扶贫困户，构建形成每个贫困村至少有1名市级领导干部、1名县级领导干部定点联系、1个市（县）直部门单位结对帮扶、1名第一书记驻村领导、1个“访惠聚”工作队驻村工作和每户贫困户至少有1名县直部门或乡镇机关干部结对帮扶的脱贫攻坚“5+1”包联工作体系，做到“帮困不漏户、户户见干部、群众不脱贫、干部不脱钩”，实现了贫困村和贫

困户包联帮扶全覆盖。从市县两级选派厅级领导干部、处级领导干部担任扶贫重点村第一书记；落实“访惠聚”驻村工作队帮扶职责，派出“访惠聚”驻村工作队 63 支，驻村干部 331 人，自脱贫攻坚工作开展以来累计派出驻村干部 1152 人；组织落实扶贫志愿服务队 13 支，人员 974 人，共开展扶贫志愿服务活动 32 次，服务时长达 60 余小时。通过人力、物力、财力的支持和联村帮户帮扶机制的完善，为扎实推动自治县脱贫攻坚工作奠定了良好的基础。

3. 施展好社会主义制度的优越性

坚定不移地把脱贫攻坚作为最大的政治责任、最大的民生工程、最大的发展机遇，按照将领导精力集中到脱贫攻坚上、财力支出使用到脱贫攻坚上、项目布局倾斜在脱贫攻坚上、基础设施优先在脱贫攻坚上、工作作风展现在脱贫攻坚上、排忧解难倾注到脱贫攻坚上、创新举措聚力在脱贫攻坚上、力量组织集合到脱贫攻坚上、用人导向体现在脱贫攻坚上、工作成效反映在脱贫攻坚上“十大基本要求”，发挥政治优势和制度优势，调动各方面资源和力量集中攻坚，完善各类扶贫资源统筹整合集中投用机制，坚持“统一规划、集中使用、用途不变、渠道不乱、各负其责”的原则，统筹财政扶贫资金、基础设施建设资金、以工代赈资金、少数民族发展资金、有关涉农资金、社会帮扶等各类资金，集中向重点村投入，确保脱贫攻坚质量和水平。

4. 发扬好乡镇党委主体作用和村党组织的坚强战斗堡垒作用、村第一书记和驻村干部的帮带作用以及党员的先锋模范作用

争取把“访惠聚”驻村工作、开展“民族团结一家亲”活动与脱贫攻坚紧密结合起来，健全完善基层党建促脱贫工作机制；在提拔和使用干部时重视脱贫攻坚一线的人才，建立健全人才向重点村、艰苦岗位、脱贫一线流动的激励机制，用心选派“天池计划”人员、“三支一扶”工作人员、

乡镇站所干部、科技特派员等人员充实到重点乡村领导班子，鼓励教育、科技、文化、卫生、法律、金融等行业人员到重点村工作服务，选优配强重点乡镇、村领导班子，做到人力保障到位；确保资金和政策向基层一线倾斜，发展壮大村级集体经济，让基层有钱、有能力为群众办实事，提高基层党组织服务群众、带领致富的能力；加强农村党组织带头人和致富带头人队伍建设，把党员培养成致富能手、把致富能手发展成党员，通过党带群、强带弱、富带贫，增强基层党组织的凝聚力和向心力，全力把基层党组织建设成为脱贫攻坚的坚强战斗堡垒。

5. 完善政策措施

县委在全面总结脱贫攻坚工作的有效做法和充分调研的基础上，很快组织召开了脱贫攻坚巩固提升动员大会，研究制定了《巴里坤县脱贫攻坚巩固提升工作规划（2017—2020 年）》《巴里坤县扶贫开发工作成效考核整改工作方案》《巴里坤县脱贫攻坚巩固提升任务分解方案》等文件，坚持党的领导和政府主导相结合的新模式，构建创新机制和精准扶贫相结合的新策略，把握产业发展和促农增收相结合的新思路，重视改善民生和夯实基础相结合的新路子，力促生态保护和绿色发展相结合的新动向，激发群众主体和社会帮扶相结合的新方式，巩固完善充实已有的精准扶贫工作机制和政策措施，研究制定并实施产业发展、就业创业奖励政策，建立脱贫攻坚问题整改、督导考核、跟踪审计、成效评价等制度，确保脱贫攻坚工作取得实效。

（二）“访惠聚”激发组织活力

1. 选优配强“访惠聚”驻村工作组，完善帮扶机制

脱贫攻坚工作开展以来，巴里坤县用心整合“访惠聚”活动优势资源，推进脱贫攻坚与基层党建、“访惠聚”“民族团结一家亲”、党员干部

联乡包村（社区）入户等工作深度融合，制定了《脱贫群众联系帮扶管理办法》，建立了脱贫攻坚帮扶干部、“访惠聚”驻村工作队、村“两委”班子“三位一体”工作机制。市、县、乡三级3041名党员干部包联贫困村、结对帮扶贫困户，构建形成每个贫困村至少有1名市级领导干部、1名县级领导干部定点联系、1个市（县）直部门单位结对帮扶、1名第一书记驻村领导、1个“访惠聚”工作队驻村工作和每户贫困户至少有1名县直部门或乡镇机关干部结对帮扶的脱贫攻坚“5+1”包联工作体系，做到“帮困不漏户、户户见干部、群众不脱贫、干部不脱钩”，实现了贫困村和贫困户包联帮扶全覆盖。从市县两级选派厅级领导干部、处级领导干部担任扶贫重点村第一书记；落实“访惠聚”驻村工作队帮扶职责，派出“访惠聚”驻村工作队63支，自脱贫攻坚工作开展以来累计派出驻村干部1152人；组织落实扶贫志愿服务队13支，人员974人，共开展扶贫志愿服务活动32次，服务时长达60余小时。通过人力、物力、财力的支持和联村帮户帮扶机制的完善，为扎实推动自治县脱贫攻坚巩固提升工作奠定了良好的基础。

2. 加强管理，整合“访惠聚”活动优势资源

2014年以来，巴里坤县按照自治区党委的统一部署，先后抽调1152名干部组成63个工作组深入基层扎实开展“访民情惠民生聚民心”工作。脱贫攻坚工作开展以来，为推进自治县脱贫攻坚整体进程，全县各级党组织高度重视、精心组织，经县“访惠聚”工作领导小组、脱贫攻坚领导小组研究，将相关脱贫攻坚工作任务纳入全县各村“访惠聚”工作组职责。“访惠聚”工作组在脱贫攻坚工作中主要有以下职责：（1）做好思想发动工作。通过细心工作和耐心引导，强化主体意识，发动贫困群众积极主动参与脱贫工作，克服“等靠要”思想，树立自力更生、勤劳致富的观念。（2）做好摸底调查工作。深入贫困户家庭，准确掌握贫困户

的居住条件、家庭人口、劳动力就业、健康情况、经济来源、子女教育、贫困现状、致贫原因、技能技术等情况，分析致贫原因，明确帮扶目标，“因地、因户、因人”施策，开展精准帮扶。(3) 制定精准帮扶计划。在摸底核查的基础上，根据致贫原因和发展需求，结合惠农政策支持、资金筹措渠道、增收效益分析等方面的情况，帮助指导贫困户选择确定当年能够实现脱贫的“短平快”发展项目，实施一户一策“菜单式”扶贫，确保实现年内精准脱贫。(4) 做好扶贫档案管理。推进精准扶贫档案管理工作，以健全贫困户建档立卡为重点，完善精准扶贫档案工作机制，规范精准扶贫档案，持续提高精准扶贫建档立卡质量，确保档案数据资料的准确、完整、系统，充分展现档案在精准脱贫中的作用。(5) 做好生产发展工作。统筹协调相关部门落实项目资金，引导贫困户加入龙头企业、专业合作社、互助社等，发展规模产业，为贫困户提供政策、市场信息、技术服务等方面的支持，制定资金使用计划，监督资金使用情况，全程参与项目实施，确保项目顺利实施，发挥项目效益。(6) 做好培训转移工作。结合贫困劳动力意愿和自身能力，协调组织贫困户主动参加实用技术和就业技能培训，对符合条件、有就业愿望的贫困对象，主动联系协调、落实转移就业岗位。(7) 解决贫困户实际问题。帮助或协调解决贫困户家庭在吃、住、行、上学、就医等方面遇到的具体困难和问题。

各“访惠聚”工作组深刻认识到脱贫攻坚工作的重要意义，仔细履行扶贫帮困职责，按要求将工作重心转移到精准扶贫工作大局中，用心负责、主动作为，充分发扬自身优势，注意从小处着眼、从小事办起，全心全意地为基层和群众办实事、解难事、做好事，积极主动地做好脱贫攻坚各项工作。

案例 7-2

在巴里坤县城东郊的农丰园合作社办公大楼里，巴里坤县石人子乡曹家庄子村的侯丽娟热情地招呼着来办事的人，干练地擦玻璃、轻快地拖地、精心地打理大厅里的花卉……看到她现在这高兴的神情、饱满的精神状态，一般都不会把她跟曾经痛不欲生、六神无主、以泪洗面、一度失去了生活信心的人联系起来。

2013 年 7 月，她全身心依靠的丈夫由于患癌症抛下了她和儿子走了。那时的她什么都不会（不会种地、不会养牲畜、不会挣钱），甚至都不会生活了！突然没有了丈夫的她完全不知道前途在哪里，今后的日子该怎么过。看病花尽了积蓄还欠下的许多债该怎么还。而儿子没有长大成人……那时的她常常感到恐惧、忧虑、痛苦、无奈！喊天天不应，呼地地不灵，深深地沉浸在悲痛之中，好长一段时间都没走出丧夫的阴影。虽然有亲戚朋友的帮助、开导，她仍然不愿意出门，不愿意见人，不想和别人来往，即使家务事也不想干。甚至从某种意义上来说，也不愿意接受别人的帮助，因为她感到自己没有能力回报，不愿意再欠别人的。

多亏亲戚朋友们尽心安抚和帮助她娘俩过日子，她的情绪稍稳定了些。2015 年，县、乡、村干部经常到她家了解情况，耐心地开导她、想方设法鼓励她振作起来，帮助解决困难送温暖。后来一系列党和政府的扶贫政策惠及到她，政府出钱给她修了安居富民房（建档立卡贫困户等四类人员，建筑面积 40 ～ 60 平方米，每户补助 5.5 万元）。过年过节，干部们带上礼物到家里慰问她。她儿子上了高中，根据“三免一补”政策，学校免除学杂费（并给予了教科书费、住宿费、生活费的补助）。2015 年的秋天，她儿子考上了石河子职业技术学院，政府又给了一次性学费救助 5000 元和每月的生活费 300 元；亲友们也伸出了温暖的双手，学校也给予助学金支持。

为了更好地帮助她家脱贫致富，从 2015 年到 2017 年 3 年间，政府给了她家 1 头牛，20 只羊（后来牛羊都由乡里的合作社托管，每年就有 3000 元的稳定收入）；每年还免费发放小鸡，鼓励她搞庭院经济，改善生活，增加收入。另外，还安排她从事村里的保洁工作，每月又有了 1000 元的收入；村委会又出面联系，安排她到距家 200 米的农业合作社农丰园从事保洁工作，这份工作每月又让她可以获得 600 元的收入。而家里的土地流转到合作社，每年还有几千元的收入。她有了固定的工作、稳定的收入，有了亲戚、朋友、干部和政府的热心关怀和真心帮助，慢慢地，她脸上的愁云消散了，精神也振作起来了。

她十分珍惜当前的生活和工作。在家，她把房子打扫得干干净净，收拾得整整洁洁。小院子里打理得井井有条，还种上了十多种蔬菜。自己种的蔬菜很香，吃不完，有的凉干了、有的腌制了、有的送给哈萨克姐妹和一起工作的朋友们。小鸡饲养得也很健壮，羽毛发亮，自己都舍不得吃，只有儿子从学校回来了，她才肯杀一只。家里还陆续添置了冰箱、换上了大彩电、洗衣机……工作上，她认真对待，干净利索，严格要求，一丝不苟，得到了同事、领导的好评。她说：干不好就对不起党和政府、对不起县乡村里的关心、对不起农丰园合作社、对不起扶贫的干部。大家都对我这样好，我怎么能不好好工作，我要好好工作，也给儿子树立好榜样，让儿子好好学习，好好工作，回报党和国家，不辜负政府、干部、亲戚朋友的期望！她不但与同事团结友爱互助，也和哈萨克族的同伴布力布丽汗结为姐妹，在工作上互帮互学，生活上互相照应。

现在的侯利娟，工作时勤劳、生活中节俭、日子过得有滋有味。她在劳动中淡忘了痛苦，也得到了快乐，脸上露出了真心的笑容。她如今经常说的一句话是：天大地大不如共产党的恩情大！没有党和政府的好政策，没有周围亲戚朋友和各级干部的关心、帮助，就没有她今天的幸福生活。

（三）积极创建民族团结进步氛围

1. 高度重视，各级党委应承担起主体责任，坚持党委统一领导，政府全面负责，统战、民宗部门具体协调，全社会参与，形成齐抓共管，人人参与的局面

各级领导干部应该起带头表率作用，各级党政主要负责人特别是党委（党组）书记有必要把民族团结进步创建工作紧紧抓在手里。各乡镇、各部门都需要在相应的时候成立民族团结进步创建领导小组，并推出一整套的工作机制。这项工作最好能虚实结合、侧重实效。虚是指宣传，营造氛围；实是指扎实做好工作。民族团结进步创建活动应把区域内的所有单位、人员动员起来，这是全社会的责任。巴里坤县行政事业单位、乡镇、街道创建率全部承诺达到100%。县领导小组办公室牵头研究，抓好这项工作的落实。组织部门负责把这项工作纳入年度干部考核、绩效考核。

2. 创建活动的载体，创新工作的方法，巩固提升好的经验做法，突出成效，提升创建的水平和层次

具体落实时宜把这项工作与当前开展的各项学习教育活动、实践活动

紧密结合起来，时时处处体现民族团结，把民族团结摆在首要的位置。各乡镇单位开展了一系列活动，创新载体和方法，让大家加深交往交流交融，像石榴籽一样紧紧抱在一起，让民族团结无处不在，拓展交往交流交融的平台，让各民族群众走在一起，广泛地开展交流交往交融。统战、民宗、“民族团结一家亲”办公室、驻村管寺办公室争取能够整合资源，把民族团结进步创建工作作为一项主要职责，形成合力，统筹抓好全县的民族团结进步创建工作，各乡镇也应采取切实有效的措施做好这项工作。“访惠聚”驻村工作队、驻村管寺干部、包乡联村的干部也争取把这项工作放在重要位置，抓好工作的落实。

3. 规范工作机制，常态化的开展民族团结进步创建活动

在领导小组的统一领导下，各乡镇、部门、村、社区确定专人负责，把所有相关的创建工作、开展的活动、总结的经验、选树的典型、日常的工作进度、落实情况、取得的成效等内容都归纳到档案中。领导干部带头，从思想上高度重视，营造氛围，把民族团结进步创建工作作为一项重要工作、一项重要的政治任务进行安排部署并积极推动。

4. 广泛开展宣传教育，营造浓厚氛围

第一，大张旗鼓开展宣传工作，宣传部门动用一切力量，创新宣传的方式方法。驻村干部把宣传工作作为一项重要的工作。宣传工作总的要求是到人、有效，针对不同的群体、领域和对象，宣传不同的内容，针对群体的特点开展宣传。宣传上既可以大水漫灌，更应该精细滴灌。第二，广泛开展宣讲、宣传，统战、民宗等部门需要研究组建民族团结进步创建宣讲小组，深入田间地头，深入农户家中，广泛开展宣讲活动。各乡镇、村、社区争取利用各种场合，包括周一升国旗、开展活动、召开会议等，进行宣传，提倡民族团结每天讲、时时讲、处处讲、人人讲，逢会必讲，逢场合必讲。尤其是领导干部，宜身体力行，率先垂范。第三，结合自身的实

际，开展有利于各族群众交往交流交融的活动。弘扬主旋律、聚集正能量，让各族群众参与进来。第四，广泛开展互学、互帮、互助、互促活动，把民族团结融入每个环节、每个领域，扎扎实实开展好民族团结进步的家庭、单位、班组、学校等细胞的创建工作，全县每个单位都行动起来，将民族团结进步创建作为一项重要的工作，广泛地设计一些载体，搭建一些平台，各民族干部群众互相学习、互相帮助、互相促进、共同提高，实现真正意义上的交融。第五，选树好典型。深度挖掘事迹，优中选优，提升层次，作为全县的先进典型，并通过各级媒体进行宣传。

四、边疆扶贫成就

“十二五”期间，巴里坤县加大扶贫开发力度，累计投入扶贫开发各类资金 16.74 亿元，完成了 25 个扶贫开发重点村整村推进工程，累计减贫 1.65 万人，贫困发生率由 2011 年的 29.4% 下降到 2015 年的 9.5%。2015 年年底，全县建档立卡贫困人口 2198 户 7703 人。2016 年以来，巴里坤县按照“一年集中攻坚，三年巩固提高、2020 年同步进入全面小康社会”“三步走”的任务目标要求，在河南省对口支援下，在全县各族人民的共同协力下，聚力精准，合力攻坚，决战决胜，较圆满地完成了集中攻坚工作任务，顺利通过了国家第三方评估验收，实现了贫困县摘帽。2016 年全县 14 个重点贫困村达到退出标准，全县 2198 户 7703 名建档立卡贫困人口中 2119 户 7426 人实现脱贫，贫困人口下降至 79 户 277 人，贫困发生率由 10.74% 下降至 0.39%。贫困发生率从 2015 年年底的 9.5% 下降至 2016 年年底的 0.39%，如期完成“减贫退出摘帽”的任务。

（一）推进生态补偿专项行动，创新生态管护方式，实施生态环境保护工程

历年来，巴里坤县以农村环境综合整治为重点，开展生态环境保护工作，牢固树立“资源开发可持续、生态环境可持续”理念，落实自治区关于生态保护“四个坚决”和“三个严禁”的要求，加强生态保护战略性编制工作，严格执行环境“三同时”制度，负责任地实施主要污染物排放总量控制，先后关闭火力发电厂、水泥厂及老化工园区等 7 家企业，并加大环境违法行为查处力度，狠抓生态功能区保护工作，深入开展环境综合治理工程，坚定不移地推进生态文明建设。构建资源节约型、环境友好型社会，保留好巴里坤的天蓝地绿、山清水秀、空气清新。生态管护和环卫保洁岗位，人均月工资收入 1000 元，不仅解决了生态管护的问题，而且帮助贫困群众实现稳定增收，带动 517 户 1803 名贫困人口增收，人均增收 2800 元。此外，全县实施了 3000 亩退耕还草项目，每亩国家补助 800 元；悉数落实草原生态补助奖励机制，实施草原禁牧面积 440 万亩，草畜平衡面积 1426 万亩，禁牧每亩国家补助 6 元，草畜平衡国家每亩补助 2.5 元，通过国家生态补偿共带动 1793 户 3069 名贫困人口实现增收，每年兑现奖补资金 684 万元，人均增收 2200 元。

附件：巴里坤县污染防治取得突破性进展

到 2020 年，巴里坤县的污染防治工作取得了突破性进展。在“绿水青山就是金山银山，冰天雪地也是金山银山”这一理念下，巴里坤县严禁“三高”项目进入，中央环保督察反馈的 7 个问题和交办的 9 件信访案件全部整改销号，完成盐化工业园区废

渣处置及影响区域生态修复197万平方米，硫化碱产能全部退出。全面落实河（湖）长制，打响蓝天、碧水、净土保卫战和农村人居环境整治四大标志性战役，空气优良天数比例保持在98%以上，饮用水源地水质达标率、重点污染治理设施运行率、工业固废及污水处理率、主要污染物达标排放率均达100%。统筹山水林田湖草综合治理，实施环境治理项目29个，累计完成人工造林2.4万亩，国家重点公益林管护91.7万亩，农田防护林管护6000亩，湿地保护134万亩，草畜平衡1426万亩，禁牧440万亩，天蓝、地绿、水清的美丽巴里坤散发出无穷魅力。

（二）推进边境扶贫专项行动

巴里坤县通过切实落实边民补贴政策，遵循公开、公正、竞争、择优的原则物建了护边员（护边员是协助边境地区党组织开展护边固边工作、实行规范化管理的执业护边力量。他／她们既是边境地区专业维稳力量的有益补充，也是政治可靠、遵纪守法、熟悉边情、自愿从事护边工作的优秀群众，更是边境地区政策法规宣传员、情报信息搜集员、异常情况报告员、维稳护边战斗员、矛盾纠纷调解员）。全县共就近吸纳800名脱贫群众就业，每人每月发放2000元补助。投入资金750万元，购置奶驼927峰、奶驴100头、生产母羊500只，扶持1027户边民发展特色养殖业（涉及贫困户876户）；投入兴边富民资金350万元，完成了7个村安全饮水、防渗渠道等水利建设项目，改善了边境村基础设施条件；投入资金1000余万元，新建了三塘湖镇边民物资供应站，解决了广大边民越冬物资供应问题。

案例 7-3

巴里坤县三塘湖镇上户村的建档立卡贫困户秦某某，曾经因巨大的生活压力使得他一筹莫展，每天只是借酒消愁。当地政府和帮扶干部根据他们家的实际情况，提供相应的帮扶措施并共同商讨脱贫办法。按照县政府出台的生态补偿、边境扶贫等“十大专项”精准扶贫政策，夫妻两人都符合自治区护边员政策的要求，就推荐夫妻两人都应征护边员，这样夫妻两人都有了一份稳定的工作，每人每月能获得2000元的补助（有了4000元/月的稳定收入）。护边员的工作时间并不长，原则上每月只需执勤10天。夫妻俩用剩余的时间还种了10公顷的哈密瓜，又有了额外的经济收入。他家还分得了10只扶贫羊，但因为没有自己的草场，就直接托养到了健坤牧业公司，这样在护边、务农两不耽误的情况下，他们家不用放养每年也能享有1000元分红的稳定收入，从而他们一家的生活状况得以彻底改变。秦某某表示，接下来奔小康也有了信心。

秦某某只是众多贫困人员中通过边境扶贫等“十大专项”政策得以脱贫的人之一。三塘湖镇上户村有不少人当上了光荣的护边员，护边员政策是一项响应“精准扶贫”思想，因地制宜地开展精准扶贫精准脱贫工作，能体现巴里坤县边疆扶贫的特色措施之一。

（三）改善基础设施条件、优化生产生活环境，夯实生产和生活公共设施基础，真正改善贫困群众住房条件

按照“产业兴旺、生态宜居、乡风文明、治理有效、生活富裕”的总要求，保持查遗补漏、缺项补项、完善提高，改造提升退出村基础设施，持续改善脱贫群众生产生活条件和水平。抓好扶贫产业基础设施建设，围绕扶贫产业提质增效，巩固、完善、提高支撑扶贫产业发展的高效节水设施、农田水利设施、农村电网、农村公路、种养殖业等基础设施，提升支撑发展的保障能力；以改善农村水利设施为例，投入资金9034万元，实施完成了2000亩高效节水、50千米防洪体系、60千米防渗渠道、5000亩高标准农田和5个贫困村安全饮水工程，提升了贫困村农田水利保障能力，解决了贫困村饮水安全问题。加快公共服务设施建设，推进广播电视“村村通”、行政村通邮和“宽带乡村”工程，改造提升村级文化室、文体活动场所、村民服务中心，改善群众生产生活条件；以改善贫困乡村出行为例，投入资金8187万元，实施完成了133.6千米的通村油路和村间道路，实现了贫困村畅通工程全覆盖；规范完善了重点乡村客运站点建设，提高了客运班车通行率，解决了农牧民出行难问题。加强人居环境建设，实施农村环境治理工程，改造厨厕圈院，处理生活垃圾，治理畜禽污染，实施绿化美化，改善人居环境；整合筹措资金2667万元，户均补助5.5万元，为485户贫困户修建了户均80平方米的安居富民房，并配套了供水、供电、供暖、热水器、彩瓦等设施，实现了全县贫困户全部住上符合标准的安居房的目标，解决了住房安全保障问题。

附件：巴里坤县扎实做好住房安全保障和饮水安全工作

巴里坤县政府经研究制定了《巴里坤县农村危房鉴定实施方案》，逐乡逐村逐户鉴定农村居民住房1.8万余户，截至2020年，累计拆除危旧住房1900余户，及时维修居民住房157户，全县农村居民住房安全均达到B级以上，农村危房动态清零。累计完成棚户区改造220套，商品房开发17.1万平方米，建成安置房1240套、安居富民房2865套、定居兴牧房830套，鉴定农村住房1.8万套，维修加固1217套，改造提升老旧小区7个，实现了从“有居”到“优居”的转变。

深入实施饮水安全巩固提升行动。2020年，投入资金3912万元，实施了奎苏镇、下涝坝乡农村饮水安全巩固提升、奎苏镇柳沟村人畜安全饮水管道建设等12个水利扶贫项目，定期对39处农村水厂（集中供水点）进行水质检测，确保了农牧民饮水安全。

（四）实施牧民搬迁定居工程，拓宽边缘山区贫困牧民致富之路

巴里坤哈萨克自治县总人口10.01万人，牧业总人口6300户2.8万人，其中未定居1740户7830人，2006年建档立卡贫困人口3711户14440人。自1992年以来，巴里坤县抢抓扶贫搬迁政策机遇，实施牧民搬迁定居工程。通过集中搬迁、插花安置、进城定居和企业务工安置、就地定居等方式，牧民走上了稳定解决温饱，进而脱贫致富的道路。易地搬迁不仅解决了生产资料短缺问题，还让资源优势得到了展现，搬迁牧民生产生活条件

得到了根本性的改善，明显加快了搬迁牧民脱贫致富的步伐，长期困扰山区牧民的行路、用电、吃水、就学、医疗、通信通讯等问题得到了基本解决，生存发展环境显著改善，生产增收门路大大拓宽，草原环境逐步修复，搬迁牧民的思想观念也在这个过程中得到了根本性的转变，牧区的社会主义事业得以全面发展，取得了搬迁牧民满意、社会满意和政府满意的良好效果。

2016年打响脱贫攻坚之前已完成搬迁定居的边远山区牧民为2126户10330人。其中，集中搬迁定居1373户6917人、插花安置604户2742人、进城定居和企业务工安置99户446人、就地定居50户225人。具体如下。

1. 集中搬迁

结合社会主义新农村建设、抗震安居建设以及扶贫搬迁工程，在交通便利、土地、水资源丰富，适宜搬迁牧民发展的区域修建抗震安居房，集中搬迁定居牧民。共集中搬迁定居牧民1373户6917人，其中，黄土场开发区搬迁556户3336人、山南开发区搬迁380户1570人、八墙子乡搬迁290户1380人、奎苏大柳沟搬迁110户495人、大红柳峡乡西戈壁搬迁37户136人。

黄土场扶贫搬迁开发区在巴里坤县城以西36公里处，总面积525平方千米，可开垦面积10万亩以上，天然草场面积达16.9万亩，已开垦面积2.2万亩。开发区共搬迁牧民556户3336人。2006年筹集资金1900余万元（其中，财政扶贫资金135万元，石油援巴项目资金93万元），结合扶贫开发、抗震安居、新农村建设，在大河镇北戈壁修建了巴里坤县哈萨克牧民社会主义新农村建设示范区，搬迁定居山区牧民250户。示范区以现代畜牧业发展和劳务输出为重点，通过饲草料种植、奶牛业、育肥业、技能培训等措施，提高搬迁户收入。2006年底，示范区人均纯收入达2300元，较搬迁前人均增收800元，实现了“当年建设、当年完工、当年入住、当年见效”的目标。

山南开发区由1992年巴里坤县5个牧业乡，搬迁牧民380户1570人组成。开发区位于哈密市以东15～40公里处，开发区下设7个开发分区，土地总面积7000亩，耕地面积4500亩，境内地势比较平缓，海拔800米左右。全开发区年终牲畜存栏1250余只，主要种植葡萄、棉花等。

八墙子乡牧民集中搬迁点位于八墙子乡政府以南，是2008年通过政府投资、搬迁牧民自筹资金修建的。该搬迁点共修建户均50平方米的抗震安居房40套，搬迁边远山区牧民40户。

大柳沟石油牧民新村位于巴里坤县城以东50公里处大柳沟下游，从原伊吾军马场划拨可耕地2.1万亩，项目建设地年径流量867万立方米，是一项集社会主义新农村建设和抗震安居建设于一体的扶贫搬迁工程。该工程总体建设规划为修建抗震安居住房200栋，搬迁边远山区牧民200户，户均占有实用饲草料地50亩。2008年实施一期工程，共投资180万元，由中国天然气集团公司承担，不足部分由搬迁牧民自筹。修建户均50平方米的砖木结构抗震安居房60套；项目区草料基地、道路、供水、卫生、文化等基础设施由县人民政府配套建设。2009年实施二期工程，共修建户均50平方米的砖木结构抗震安居房50套。该工程由中国天然气集团公司投资120万元，不足部分由搬迁牧民自筹。同样由政府配套完成渠首截潜、渠道修建、种植饲草料2000亩。

2. 插花安置

针对山区贫困牧民生产生活条件恶劣，生产资料短缺，而农区农民常年外出务工，房屋闲置，土地资源没有合理利用的现状，在大河镇、奎苏镇、花园乡、石人子乡农区插花安置贫困牧民。现已插花安置边远山区贫困牧民604户2742人，其中2008年以前插花安置牧民341户1724人、2008年插花安置113户437人、2009年插花安置150户581人。

3. 进城定居和企业务工安置

进城定居和企业务工安置是2009年为拓宽边远山区牧民搬迁定居渠道而提出的一种符合巴里坤县实际的搬迁方式，该方式采取与县域内的工矿企业签订劳务用工合同，以及鼓励富裕牧民进城定居从事二、三产业的办法来搬迁定居牧民，已安置企业务工和进城定居牧民99户，其中企业务工安置59户、进城定居从事餐饮、手工加工（刺绣）、交通运输和服务行业的牧民40户。

4. 就地定居

为合理有效地利用牧区小泉小水资源，2009年县委、县人民政府决定利用牧区小泉小水就地定居牧民。已完成就地定居牧民50户。

五、边疆扶贫经验的启示与思考

（一）改善生态环境和夯实基础建设是长远发展的前提保证

国内外的相关研究显示，贫困经常与脆弱的生态环境相伴随[①]，从而加重了贫困的程度以及脱贫的难度。毋庸置疑，通过产业开发和拓展农牧民的就业范围来增加农牧民的收入有利于改善或改变农牧民当前的贫困现状，但只有在保护并改善了贫困地区的生态环境以及加强基层设施建设的情况下，才能真正改善贫困地区农牧民的生产、生活环境，提高农牧民的收入水平，也才能实际增强贫困村发展后劲，提升贫困村发展的支撑力和基层组织引领发展的能力而实现稳定真正脱贫。因此，习近平总书记在2017年春节前夕赴河北张家口看望慰问基层干部群众时也强调：“要因地制宜探索精准脱贫的有效路子，多给贫困群众培育可持续发展的产业，多给贫困群众培育可持续脱贫的机制，多给贫困群众培育可持续致富的动

① 刘小珉：《贫困的复杂图景与反贫困的多元路径》，社会科学文献出版社，2017，第55页。

力。要把扶贫开发、现代农业发展、美丽乡村建设有机结合起来，实现农民富、农业强、农村美。”“要把生态补偿扶贫作为双赢之策，让有劳动能力的贫困人口实现生态就业，既加强生态环境建设，又增加贫困人口就业收入。”[①] 加强基础设施建设是贫困乡村突破瓶颈、持续发展的根本保障。必须用心加强基础设施建设，陆续完善公共服务设施，夯实基层组织基础，加快推进城乡基本公共服务均等化，改善贫困村基础条件。只有家乡美了，农户富了，人心才能稳得住，人员才能留得住；并且可以激发民众的内生动力一起来脱贫致富，只有充分调动起贫困群众的积极性、主动性和创造性，才能够产生“心往一处想、劲往一处使”的合力效应，也才会更加珍惜当前来之不易的生活，群策群力更好地建设家乡，从而有可能真正实现可持续发展的生态路径。

（二）兼顾包容共享是处理好多民族关系并促进脱贫攻坚的有力抓手

巴里坤县是一个多民族的大家庭，在少数民族贫困地区开展扶贫工作，需要考虑并结合外源推动因素和当地内部的特殊性，通过融合外来思想观念和当地自然、文化环境，契合当地的民族文化和经济环境，来落实扶贫政策和理念，最终增强贫困农牧民的自我发展能力和实现可持续发展的效果，打赢扶贫脱贫攻坚战。巴里坤的历史告诉巴里坤，哪个时代各民族和睦相处、交流合作，这片土地就繁荣昌盛；一旦民族之间隔绝交流、互相敌视，这片土地便满目疮痍、黯淡无光。历史和现实反复证明：民族团结是各族人民的生命线，更是巴里坤发展的生命线。正是相同的信念将巴里坤各民族融合成了一个团结和睦的大家庭；与此同时，也只有尊重差异、

① 中共中央党史和文献研究院. 2017 年春节前夕赴河北张家口看望慰问基层干部群众时的讲话（2017 年 1 月 24 日）// 习近平扶贫论述摘编. 北京：中央文献出版社，2018: 74。

包容多样、相互欣赏，才能发展一体多元、融合开放，具有巴里坤特色的现代文化，也才会共同担负守卫边疆、巩固边防、维护祖国统一的神圣历史使命。

我国历来是一个多民族的国家，每个民族的历史、文化、宗教、风俗习惯都犹如一颗颗璀璨的明珠向世界折射出耀眼的光芒。但只有各民族紧密团结在一起，我们的祖国才会更加的繁荣昌盛，中华民族也才能永远屹立于世界的东方！正如“五十六个民族，五十六枝花，五十六个兄弟姐妹是一家”的歌中所描述的那样，各民族团结友爱，既是中华民族历久弥新的光荣传统，也是巴里坤县社会主义民族关系的生动体现；既是维系各民族人民共同生活的精神纽带，也是支撑中华民族生存发展的精神支柱；既是中华民族繁荣发展的重要保证，更是推动中华民族伟大不朽的强大动力！让巴里坤县各族同胞手拉手、心连心、同呼吸、共命运，共同用爱、用心去传承各族人民永远一家亲的传统，才能筑牢民族团结的长城；只有共同建设巴里坤美好的家园，才能引领人民幸福，祖国繁荣昌盛，谱写民族团结事业的崭新篇章！

第八章　面向未来的巴里坤

精准扶贫是一次现代化社会治理的实践，是中国共产党执政为民理念的高度体现。其创造的“整态化”成就使得扶贫成果的巩固成为了可能。“整态化”是充满活力的，面向未来的。

一、巴里坤县脱贫攻坚的时代意义

（一）精准扶贫理论的实践和发展

精准扶贫理论是针对中国贫困治理的一剂良药，自2013年精准扶贫政策开展以来，我国贫困人口从2012年的9899万人，已经减少到2018年的1660万人。在短短的6年时间内，包括巴里坤县在内的8千多万人已经实现了“两不愁三保障”。

事实胜于雄辩，精准扶贫战略的实践效果反映了中国共产党对于中国国情研判的准确性、落实的有效性，丰富了中国特色社会主义建设的具体实践。在“六个精准”“五个一批”等精准扶贫的理论指导下，巴里坤县构建了“十大专项行动”和“八项工作机制”，通过这些具体措施，将精准扶贫落到了实处，保障了脱贫的成效，激发了整个社会的活力。

1. 以脱贫攻坚统领经济发展带来社会活力

（1）集中攻坚成效明显。2016年以来，全县上下齐心协力、众志成城，忠诚担当、实干苦干，聚焦短板，攻坚克难，瞄准问题、精准施策，较圆满地完成了集中攻坚工作任务，顺利通过了国家第三方评估验收，实现了贫困县摘帽、14个重点贫困村退出；贫困群众人均纯收入达到4500元以上，超过了国家减贫标准，14个贫困村全部达到“六通四有一无”退出标准，教育、医疗卫生、住房、就业、交通等基本公共服务主要领域指标均接近全国平均水平，实现了“两不愁三保障”。

（2）机制措施精准有力。2016年至2017年，巴里坤县整合投入各类资金10亿余元，集中实施“五个一批”工程和“十大专项行动”，创新建立党政同责主抓、干部同力主帮、社会同管主扶、群众同心主推及县领导包乡、乡领导包村、部门领导包户、党员干部包人的“四主四包”工作机制，严格推行精准扶贫、组织保障、纵向联动、横向协同、队伍保障、社会动员、扶贫宣传、考核督查问责、跟踪审计“九项工作机制”，全面落实就业创业、教育医疗、社会保障等惠民富民政策，深入开展生态扶贫、“互联网+”扶贫、边境扶贫、金融扶贫，为夯实责任、脱贫增收、兜住底线、筑牢基础提供了有力保障。

（3）脱贫基础不断夯实。巴里坤县始终坚持精准施策、精准发力，夯实筑牢了群众脱贫基础，通过特色产业扶贫，实现了每个有劳动能力的贫困家庭至少有一项稳定的增收产业；通过创新建立资产收益扶贫机制，实现了绝大多数贫困家庭都有一份稳定的资产收益分红收入；通过多频次的免费实用技能和创业就业培训，实现了每个贫困家庭都能至少掌握一项实用的职业技能；通过提供就业服务、创优就业创业环境，实现了有劳动能力的贫困家庭至少有一个稳定的就业岗位；通过教育医疗扶贫，实现了因学因病致贫家庭都有一条有效的救助途径；通过社保兜底扶贫，实现了特殊贫困家庭都有一份基本的生活保障。

（4）结对帮扶持续加强。巴里坤始终坚持党政同责、一岗双责，坚持县领导包乡、乡领导包村、部门领导包户、党员干部包人，构建形成了每个贫困村至少有 1 名市级领导干部和 1 名县级领导干部定点联系、1 个市（县）直部门单位结对帮扶、1 名第一书记驻村领导、1 个“访惠聚”工作队驻村工作和每户贫困户至少有 1 名县直部门或乡镇机关干部结对帮扶的脱贫攻坚“5+1”包联工作体系，鼓励和支持各类企业、社会组织和个人参与多种形式的到村到户到人精准扶贫，形成了全社会上下联动、齐抓共管、合力攻坚的长效帮扶工作机制，凝聚起了打赢脱贫攻坚战的强大合力。

（5）主体用力明显增强。巴里坤县始终牢牢抓住“思想脱贫”这个关键，发挥群众主体作用，通过开展“精神脱贫”系列活动，宣讲党的惠民政策、宣传先进典型，教育引导贫困群众牢固树立“我能行”的主体意识，树立了自力更生、艰苦奋斗、勤劳致富的信心和决心；唤起了依靠自身努力主动作为、主动发展、主动脱贫的内心愿望；提高了贫困群众务工就业、自主创业、发展生产、当家理财的能力；激发了自我“造血”谋发展的内生动力；增强了贫困群众感恩党、感恩伟大祖国、感恩社会的思想意识，形成了凝心聚力、苦干实干、脱贫致富奔小康的良好局面。

2. 脱贫攻坚战锻炼出合格组织队伍

（1）践行精准扶贫提升基层管理水平。精准扶贫最怕的问题在于不精准，“六个精准”无论哪个环节有问题、不精准，都会对整个精准扶贫带来系统性影响，最终影响脱贫的效果及脱贫成效的巩固。巴里坤县致贫及限制发展的因素之间的关系错综复杂，这决定了巴里坤县的脱贫攻坚需要多层次、多维度、多保障。巴里坤县委县政府充分发挥各种积极因素的作用，产业、就业、教育、医疗、文化等多角度的扶贫措施对脱贫摘帽起到了关键作用，在实际的帮扶项目上注意多角度的帮扶政策设计，确保多角度增收。同时，关注打好组合牌，突出每种帮扶措施的溢出作用、联结作用。例如，健坤牧业形成的产业布局，不仅帮助当地贫困群众增收，还在很大程度上起到了移风易俗，促进巴里坤精神文明发展的重要作用。

（2）“访惠聚”联通干群真心。通过“访惠聚”“民族团结一家亲”等活动，巴里坤县的干群关系就像石榴籽一样紧紧抱在一起，民族团结无处不在，交往交流交融。同时还促进了基层党建工作，让党和巴里坤各族群众手挽手、心连心，把民族团结的思想贯穿到生活的点点滴滴，让其成为当地群众日常生活的一部分，融入每个人的心中。正如歌中所唱：“中华民族一家人，热爱祖国大家庭，兄弟姐妹拜克亚克西，真诚相待手足情，天山青松根连根，各族人民心连心……”①

（二）奠定乡村振兴及治理的基础

为全面贯彻落实《中共中央、国务院印发〈关于实施乡村振兴战略的意见〉》及《自治区党委、自治区人民政府关于贯彻〈中共中央、国务院印发关于实施乡村振兴战略的意见〉的实施意见》精神和《哈密市实施乡村振兴战略三年行动方案（2018—2020）》文件精神，结合县域实际，巴里坤县提出了《巴里坤哈萨克自治县实施乡村振兴战略五年行动方案（2018—2022年）》。

按照“产业兴旺、生态宜居、乡风文明、治理有效、生活富裕”的总要求，坚持一产上水平，以农牧业提质增效、农牧民持续增收为目标，坚持用市场化思维谋划、用工业化手段推进农业农村经济发展，坚定不移地推进以产业化、规模化、组织化、社会化为核心的农牧业现代化、农业农村现代化，统筹推进产业振兴、人才振兴、文化振兴、生态振兴和组织振兴，持续推进乡村治理体系和治理能力现代化，让农业成为有奔头的产业，农民成为有吸引力的职业，农村成为安居乐业的美好家园。

乡村振兴战略五年行动重点布局于：实施产业振兴行动；实施文化

① 摘自巴里坤县人民政府网 http://www.xjblk.gov.cn/2018_moban/index18_2C_DETAiL.jsp? urltype=news.NewsContentUrl&wbtreeid=1144&wbnewsid=53933

振兴行动；实施人才振兴行动；实施生态振兴行动；实施组织振兴行动。通过五大项三十小项专项行动，设立具体目标，任务到机构到人，保证具体落实。

表 8-1　乡村振兴战略五年行动重点

行动名称	项目名称	牵头单位	责任单位
实施产业振兴行动	推进农业产业结构调整	县委农办	县农业局、畜牧兽医局、水利局，各乡镇场区
	加快农产品基地建设	县农业局	县发改委、畜牧兽医局、商经委、市场监督管理局，各相关乡镇
	提升农畜产品质量安全水平	县农业局	县林业局、畜牧兽医局、市场监督管理局，各乡镇场区
	提升农产品加工业发展水平	县委农办	县发改委、农业局、商经委、林业局、畜牧兽医局、市场监督管理局、财政局（金融办）、人行，各乡镇场区
	深化市场开拓	县商经委	县发改委、农业局、林业局、畜牧兽医局、旅游局、教育局、科技局、文广新局、供销联社，各乡镇场区
	实施农产品品牌战略	县农业局	市场监督管理局、商经委、供销联社、林业局、畜牧兽医局，各乡镇场区
	发展休闲农业与乡村旅游业	县旅游局	县农业局、文广新局、发改委、住建局、商经委、民宗委，各乡镇场区
	继续巩固提升脱贫攻坚成果	县扶贫办	县脱贫攻坚领导小组成员单位，各乡镇场区

（续表）

行动名称	项目名称	牵头单位	责任单位
	培育创新经营体系	县委农办	县农业局、林业局、畜牧兽医局、发改委、供销联社、农经局，各乡镇场区
	夯实农村基础设施建设	县水利局，县住建局，县人社局，县委宣传部	县农业局、国土资源局，各乡镇场区，县交通局、水利局、商经委、文广新局、供销联社、邮政管理局、供电公司、移动公司、电信公司、联通公司，县民政局、教育局、扶贫办、卫计委、老龄委、团委、妇联、残联，县发改委、商经委、住建局、交通局、水利局、国资委、民政局、教育局、职业技能培训学校，县委组织部、统战部，畜牧兽医局
	持续推进农业农村改革发展	县农业局，县发改委，县公安局	县委组织部、农办、县林业局、农业局、统计局、畜牧兽医局、水利局、农经局，各乡镇场区，人社局、民政局、教育局、卫计委
实施文化振兴行动	建强基层文化阵地	县文广新局	各乡镇场区
	加强公共文化产品和服务供给	县委宣传部	县文广新局、住建局、文物局、科技局、司法局、新华书店，各乡镇场区
	推进农村居民文明素质提升	县委宣传部	县委统战部、政法委、县文广新局、教育局、卫计委、司法局、民宗委、妇联、团委、工会、“民族团结一家亲”活动办公室，各乡镇场区
	开展“四个一批”评选表彰活动	县委宣传部	县委组织部、县扶贫办，各乡镇场区

（续表）

行动名称	项目名称	牵头单位	责任单位
	推行村规民约治理	县委宣传部	县文广新局，各乡镇场区
	文明宣传活动	县委宣传部	县卫计委、环保局、住建局、县文明办，各乡镇场区
实施人才振兴行动	培育新型职业农民	县人社局	县教育局、科技局、农业局、林业局、畜牧兽医局、职业技能培训学校，各乡镇场区
	加强农村专业人才队伍建设	县科技局	县农业局、林业局、畜牧兽医局、人社局、人才办、职业技能培训学校，各乡镇场区
	着力培训乡土人才队伍	县文广新局	县教育局、农业局、林业局、畜牧兽医局、人社局、文化馆、职业技能培训学校，各乡镇场区
实施生态振兴行动	推行绿色生产方式	县农业局	县畜牧兽医局、林业局、环保局、住建局、市场监督管理局，各乡镇场区
	加强农业生态治理与修复	县环保局	县农业局、林业局、畜牧兽医局、水利局、国土局，各乡镇场区
	推进农村人居环境综合整治	县环保局	县住建局、卫计委、教育局、水利局、旅游局、农业局、畜牧兽医局，各乡镇场区
	推进健康乡村建设	县卫计委	慢病示范区创建成员单位，各乡镇场区
实施组织振兴行动	全力确保农村社会持续稳定	县委政法委	县公安局、人社局、教育局、卫计委，各乡镇场区党委

（续表）

行动名称	项目名称	牵头单位	责任单位
	加强农村基层组织建设	县委组织部	县纪委监委、民政局、农经局、“访惠聚”办公室，各乡镇场区党委
	加强基层党员队伍建设	县委组织部	县纪委监委，各乡镇场区党委
	推进基层党组织制度和作风建设	县委组织部	县纪委监委、民政局、农经局、“访惠聚”办公室，各乡镇场区党委
	加强乡村治理体系建设	县委政法委	县委组织部、统战部，县公安局、人民法院、司法局、民宗委、信访局、创建民族团结进步示范县领导小组办公室，各乡镇场区党委
	加强农村经济组织建设	县农业局	县委组织部（基层办）、县国土局、农经局，各乡镇场区

（三）“一带一路”倡议的坚实支撑

在全球共享“一带一路”倡议盛举的当代，巴里坤县的脱贫摘帽成就对于中国和整个世界都具有重要的积极作用。社会稳定和长治久安是一切发展的前提，发展同时也为社会稳定提供了基础。巴里坤县充分发挥政治优势和制度优势，实施“生态立县、工业富县、农牧优县、文化强县、科教兴县、惠民富民”县域发展战略，这些措施的实施，最大程度地保证了新疆“北新道”门户的发展，为我国乃至“一带一路”沿线国家的社会稳定做出了重要贡献。

巴里坤县的发展同时印证了中央推动新疆加快发展的决心。党中央、国务院高度重视新疆工作，自2010年以来，连续两次召开了中央新疆工作座谈会，专题研究部署新疆工作，明确当前和今后一个时期做好新疆工作的指导思想、主要任务、工作要求，对推进新疆跨越式发展和长治久安作出了战略部署。同时，制定出台了一系列政策措施，坚持把保障和改善民生作为新疆发展的首要目标，将加快经济发展同发展社会事业、解决关系人民生活的突出问题结合起来；坚持把科学发展作为解决新疆问题的根本举措，将解决短期突出困难同夯实经济长远发展基础结合起来；坚持以改革开放破解发展难题，把有效发挥政府作用与充分运用市场机制结合起来；坚持立足于增强新疆自我发展能力，把中央和各兄弟省市的支持帮助同充分发挥新疆自身的比较优势、后发优势结合起来。

二、持续不懈巩固提升夯实成效

贫困县摘帽后，也不能马上撤摊子、甩包袱、歇歇脚，要继续完成剩余贫困人口脱贫问题，做到摘帽不摘责任、摘帽不摘政策、摘帽不摘帮扶、摘帽不摘监管。

——习近平《在十三届全国人大二次会议甘肃代表团审议时的讲话》（2019 年 3 月 7 日）

2017 年以来，在脱贫攻坚取得阶段性成效的基础上，巴里坤县认真贯彻落实中央、自治区党委和哈密市委关于打好脱贫攻坚战的系列决策部署，紧密结合巴里坤县实际，研究制订了《巴里坤县脱贫攻坚巩固提升规划（2017—2020 年）》，明确了到 2020 年，是巴里坤县巩固提升精准脱贫成果、全面建成小康社会的决胜期，明确了“一年脱贫攻坚、三年巩固提高提升、2020 年同步进入全面小康社会”的目标任务要求，明确了把巩固提升精准脱贫成果作为当前和今后一个时期的重大政治任务和最大的民生工程来抓，坚持摘帽不摘责任、摘帽不摘政策、摘帽不摘帮扶、摘帽不摘监管和政策不变、力度不减、机构不散、干部不撤“双四不”原则。坚持党的领导和政府主导相结合；坚持产业发展和促农增收相结合；坚持改善民生和夯实基础相结合；坚持保护生态和绿色发展相结合；坚持创新机制和精准扶贫相结合；坚持群众主体和社会帮扶相结合，以思想脱贫、稳定脱贫和全面脱贫为导向，抓重点、攻难点、强弱项、补短板，精准聚焦“两有户、两因户、两无户、两缺户”（“两有户”指有资源有劳动能力但没有致富门路的贫困户；“两因户”指因病因灾致贫的贫困户；“两无户”指无力脱贫无业可扶的贫困户；“两缺户”指缺生产资料缺技术资金的贫困户），更加注重产业脱贫、更加注重就业脱贫、更加注重党建促进脱贫、更加注重扶贫与扶志、扶智相结合，建立稳定脱贫长效机制，做到制度更加完善、机制更加健全、措施更加有力、帮扶更加全面、群众更加主动、成效更加明显。全面巩固提升脱贫攻坚成果，确保同全疆、全国人民一道进入全面小康社会。

（一）脱贫攻坚巩固提升工作前期准备

巴里坤县将谋划全面布局作为推进脱贫攻坚巩固提升工作的重中之重，做好各项前期准备工作。

开展脱贫人口建档立卡动态管理工作。按照自治区建档立卡贫困人口复核及动态管理工作要求，做好建档立卡贫困人口动态管理工作，建档立卡实际在册人口 1932 户 7021 人，较 2016 年底在册建档立卡贫困户 1935 户 6811 人，实际减少 3 户，增加 210 人，其中：整户消亡 3 户，自然减少 56 人（户籍迁出 32 人、嫁出 2 人、死亡 22 人），自然增加 266 人（户籍迁入 180 人、嫁入 5 人、新生儿 81 人）。按照国家第三方评估组评估结果，巴里坤县综合贫困发生率为 0.77%，其中：建档立卡贫困发生率为 0.39%、贫困人口漏评率为0.86%。经核查，巴里坤县在册及漏评贫困人口约为239户827人，其中：建档立卡中未脱贫贫困人口79户277人、测算漏评贫困人口约为160户550人。

落实脱贫攻坚巩固提升工作各项机制。巴里坤县坚持一周一例会、一月一次脱贫攻坚领导小组会议、一季度一次脱贫攻坚巩固提升工作推进会议的工作机制。召开了自治县脱贫攻坚巩固提升一季度工作推进会，制定印发了《关于加强部门帮村干部包户工作的通知》和《关于对各乡镇脱贫攻坚巩固提升社会帮扶项目认领的通知》等文件，为扎实推动自治县脱贫攻坚巩固提升工作奠定了良好的基础。各乡镇已梳理脱贫攻坚巩固提升精准帮扶项目148个，资金为2174.85万元，已初步认领精准帮扶项目8个，资金为783.75万元。其中：大红柳峡乡由哈密市交通局认领牧道建设项目资金为500万元、人财保险巴里坤县支公司认领宣传牌项目资金12万元、县政协认领村级环卫工服装费1.75万元；萨尔乔克乡由哈密市政协认领牧道建设项目资金50万元、哈密市供销社认领合作社扶持资金210万元、哈密市卫计委认领慢病示范项目资金10万元。

精准制定脱贫攻坚巩固提升规划。自2017下半年开始着手编制《巴里坤县脱贫攻坚巩固提升规划（2017—2020年）》，经过反复研究讨论完成了规划初稿，编制完成了《自治县2017—2020年脱贫攻坚巩固提升规划》，指导乡村两级完成了脱贫攻坚巩固提升规划和方案的编制工作。2018年脱贫攻坚巩固提升工作投入资金1.74亿元，实施四大类36个项目。已落实到位资金1.39亿元，占计划总投资的79%。

积极争取各类扶贫资金。目前，已到位各类扶贫资金8636.54万元，其中：财政专项扶贫资金3892万元，兴边富民少数民族发展资金869万元，整合财政涉农资金3875.54万元，并按照财政专项扶贫资金项目报备工作要求，完成项目报备工作，报备项目47个。

（二）脱贫攻坚巩固提升主要做法

1. 加强领导、完善机制

巴里坤县始终坚持和强化对脱贫攻坚工作的组织领导，突出问题导向、强化责任担当，创新举措、完善机制、巩固成效、提升质量，坚决打赢脱贫攻坚战。

完善组织领导体系。坚持“党政同责、一岗双责”工作机制，发挥县委“一线指挥部”的作用，乡（镇）党委的主体作用和村级党组织战斗堡垒的作用。坚持县、乡（镇）、村（社区）三级协同联动，做到县、乡、村三级书记一起抓。实行脱贫攻坚帮扶干部、“访惠聚”住村工作队、村两委班子“三位一体”工作机制和“周例会、月推进会、季问责问效、年度考评”制度，形成协调有序、高效运转、联动有力、确保落实的保障机制。

完善政策措施。在全面总结脱贫攻坚工作有效做法和充分调研的基础上，组织召开了脱贫攻坚巩固提升动员大会，研究制定了《巴里坤县脱贫攻坚巩固提升工作规划（2017—2020 年）》《巴里坤县扶贫开发工作成效考核整改工作方案》《巴里坤县脱贫攻坚巩固提升任务分解方案》等文件，巩固完善充实已有的精准扶贫工作机制和政策措施，研究制定并实施产业发展、就业创业奖励政策，建立脱贫攻坚问题整改、督导考核、跟踪审计、成效评价等制度，确保脱贫攻坚巩固提升工作取得实效。

提升帮扶成效。做到脱贫脱帽干部帮扶不脱钩，继续坚持党政同责主抓、干部同力主帮、社会同管主扶、群众同心主推及县领导包乡、乡领导包村、部门领导包户、党员干部包人的“四主四包”工作机制，创新完善联系帮扶群众工作机制，制定了《脱贫群众联系帮扶管理办法》，督促各级党员干部持续用心用情用力做好帮扶工作。同时，继续完善联村帮户帮扶机制，积极协调各单位、企业认领精准帮扶项目，落实帮扶资金。

2. 突出重点、精准施策

巴里坤县始终注重解决好“扶持谁”“怎么扶”“谁来扶”的问题，尤其在巩固提升工作中更加注重动态评估和管理，紧紧围绕扶贫工作必须务实、脱贫过程必须扎实、脱贫结果必须真实的要求，坚持抓重点、攻难点，补短板、强弱项，因地因户因人精准施策，做到“一户一策”，统筹推进脱贫攻坚巩固提升工作。

精准聚焦有资源有劳动能力但没有致富门路的“两有户”。“一对一”开出稳定脱贫“菜单”，强化培训和转移就业，确保了每个“两有户”家庭都能至少掌握一项实用的职业技能，实现了有劳动能力的贫困家庭至少有一个稳定的就业岗位。

精准聚焦因病因灾致贫的“两因户”。坚持惠民扶贫政策只增不减，保障措施精准到位，实现了每个“两因户”家庭都有一条有效的救助途径。

精准聚集无力脱贫无业可扶的“两无户”。全面落实扶老、济困、助残、助儿和大病救助，并为贫困群众购买商业“脱贫保”等兜底性保障政策，实现了每个“两无户”家庭都有一份基本生活保障。

精准聚焦缺生产资料缺技术资金的“两缺户”。全面落实扶贫到户项目，支持发展扶贫特色产业，健全完善资产收益扶贫和金融助推扶贫机制，实现了每个“两缺户”家庭至少有一项稳定的增收产业，绝大多数贫困家庭都有一份稳定的资产收益分红收入。

精准聚焦低收入群体。把低收入群体纳入扶持帮困范畴，建立贫困监测预警、动态管理、分类帮扶等机制，确保了低收入家庭稳定增收不致贫。

3. 强化举措、注重实效

巴里坤县委、县人民政府始终坚持以就业带动、产业带动、自主创业拓宽贫困农牧民增收渠道为路径，积极培育和发展优势特色产业，落实就业创业扶持政策，全面提升产业发展和就业创业质量和效益。

坚持就业带动脱贫。坚持以转移就业为重点，按照“培训一人、输出一人、脱贫一户”的思路，通过落实贫困劳动力稳定转移就业奖励和社会保险补贴政策，探索建立县域扶贫龙头企业开发脱贫户稳定就业岗位以奖代补政策。强化就业宣传引导，搭建劳务经济服务平台，通过组织实施成建制的劳务输出、对接落实就业岗位、鼓励县域龙头企业和专业合作社吸纳就业、开发扶贫就业岗位、创办不同类型的扶贫就业创业市场等措施，全县稳定转移就业贫困劳动力超过2000人，年人均增收3400元以上，实现了符合就业条件的贫困家庭“一户一工人”的目标。

坚持产业带动脱贫。全面推行“一村一品”“一户一业”和“联户多业”的产业扶贫模式。扶持30余家农（牧）家乐、60余家种养合作社和加工企业发展牛羊育肥、奶驴、奶驼、蔬菜、食用菌等特色种养业以及乡村旅游和民族刺绣、服装、手工艺品加工等增收产业，使贫困群众在发展生产中持续稳定增收。

坚持自主创业脱贫。全面落实创业扶贫政策，全方位提供创业援助和服务工作，加大创业担保贷款支持力度，加快乡镇集贸市场、农村电商平台、农牧民创业园区等创业平台建设，创优创业就业环境，向贫困户发放“两免一贴”贷款、创业担保和妇女创业贷款，扶持贫困农牧民从事家政服务、旅游服务、农村社会服务、电子商务、交通运输等现代服务业和开办小商店、小饭店、小作坊、小摊点等微利项目增收。

4. 坚持扶志扶智、激发内生动力

巴里坤县始终坚持以加快补齐精神贫困这个短板为核心，注重外力帮扶与激发内力有机结合，引导脱贫群众牢固树立自力更生、勤劳致富的思想观念，用自身的努力改变贫困面貌。

在开展“精神脱贫”系列活动的基础上，牢固树立“扶贫先扶志、治穷先治愚”的理念，注重发挥脱贫群众的主体作用，选树先进典型、推广成功经验，引导贫困群众互学互促，坚定自力更生、自我发展、主动脱贫的信心，用自身的努力摆脱贫困、实现富裕。

强化思想脱贫宣传教育。积极创新宣传教育形式，结合“访惠聚”驻村工作、“民族团结一家亲”、入户住户全覆盖等活动，重点围绕思想观念转变、就业创业能力和个人素养提升，有针对性地开展形式多样的宣传教育活动，引导脱贫群众积极主动地参与技能培训、生产实践和各类社会活动，着力提高他们务工就业、自主创业、发展生产、当家理财的能力，不断增强脱贫群众自我发展、持续发展的内生动力。

加强乡风文明建设。以培育和践行社会主义核心价值观为引领，弘扬中华民族传统美德，引导广大农牧民群众自觉培育良好的乡风、村风、家风，营造崇尚文明、移风易俗、勤俭持家、勤劳致富的良好风气。

5. 夯实发展基础、提升保障能力

巴里坤县坚持以改善基础设施条件、优化生产生活环境、实现贫困群众稳定脱贫为根本，筹措整合各类扶贫资 1.36 亿元，实施重点村基础设施配套项目 60 余项，夯实生产发展基础、公共设施基础、基层组织基础，完成了贫困群众富民安居房建设任务。推进贫困乡村高效节水、防洪体系、高标准农田、安全饮水、道路交通和农村电网升级改造等工程，全面开展公共设施更加完善、产业体系更加健全、人居环境更加优美的和谐稳定美丽乡村建设，改善了贫困群众生产生活条件；坚持强党建促脱贫，选优配强基层党组织班子，提升基层党组织带领群众脱贫致富的能力，夯实基层基础，所有行政村集体经济收入均达到 10 万元以上，确保了基层有钱、有能力为群众办实事。

（三）脱贫攻坚巩固提升重点工作

1. 贫困劳动力培训转移就业

坚持自主创业脱贫。巴里坤县将就业创业作为“一号工程”，严格按照《自治县脱贫攻坚巩固提升稳定就业及自主创业奖励项目验收实施细则》的要求落实创业扶贫政策。全县累计向脱贫户发放“两免一贴”贷款、创业担保和妇女创业贷款5600万元，扶持459户贫困农牧民从事家政服务、旅游服务、农村社会服务、电子商务、交通运输等现代服务业和开办小商店、小饭店、小作坊、小摊点等微利项目，带动450户1800余名贫困人口实现年人均增收3500元。

推进劳动力转移就业。建档立卡脱贫户中劳动力总数为3569人，其中符合转移就业条件的2154人，占劳动力总数的57.9%。符合转移就业条件的劳动力中已实现转移就业2096人，占应转移就业总人数的97.3%，其中：环卫工395人、护边员59人、护林员142人、护路工25人、企业务工246人、自主创业146人、行政事业单位维稳值班68人，代牧548人、合作社121人、从事一产及其他346人。

在县域内探索实施扶贫龙头企业开发脱贫户产业化工人以奖代补政策。采取“师带徒”方式进行国家通用语言和技能培训，稳定就业在6个月以上，工资待遇（含五险一金）在3000元以上，每开发一个稳定就业岗位，对扶贫龙头企业补助1万元。

加强脱贫劳动力国家通用语言和技能培训工作。截至调研开展时，已完成各类培训1993人次，其中：国家通用语言培训677人、技能和实用技术培训1305人、自主创业培训11人。同时，实施了自治县建档立卡脱贫户志力引导培训及考察观摩活动以及自治县致富带头人培训及考察观摩活动，共完成274人的培训任务。

2. 特色优势产业进展

立足现有产业发展基础，依托优势资源，坚持不懈地推进“一村一品”“一户一业”和“联户多业”的产业扶贫模式，巩固提升原有产业发展质量，扶持发展新的特色增收产业，培育形成群众参与度高、带动力强、劳动密集型的特色优势产业，使贫困群众在发展生产中实现持续稳定增收。扶持发展特色养殖业，在抓好已有生产母羊、奶驼、奶驴等生产畜养殖增值的基础上，通过实施庭院经济项目，共发放鸡苗 2.8 万羽、种植庭院蔬菜 2.5 万平方米，扶持带动 910 户脱贫人口实现年户均增收 3800 元以上；巩固和发展土地流转、牲畜托养等资产收益分红工作，截至调研开展时，共向 1932 户 7021 名脱贫人口兑现收益分红 230 余万元，户均 1200 元；扶持发展家庭手工业，坚持“合作社 + 基地 + 农户”的模式，创新集中和分散生产相结合的经营方式，促进民族刺绣、服装和手工艺品等加工业提质增效，扶持带动 340 户 1190 名贫困人口实现年人均增收 860 元；扶持发展乡村旅游业，完善巴里坤湖、高家湖湿地等景区设施，重点打造海子沿乡尖山子、卡子湖、石人子乡高家湖、花园乡兰州湾子等特色乡村旅游景点，扶持 60 余家贫困农牧民发展个体自营、联户经营等多种形式的农（牧）家乐、家庭旅馆和开发特色旅游产品；扶持发展特色种植业，种植露地蔬菜 7000 余亩、马铃薯 7400 余亩、食葵 5000 余亩，培育蔬菜等种植合作社和加工企业 20 余家，带动 160 户 560 余名贫困人口实现年人均增收 3200 元；发展农产品加工业，在巩固提升健坤牧业、花麒奶业、泽西食品、农丰园蔬菜、新地土特产、神驼乳业等 14 家农业产业化龙头企业发展质量和水平的基础上，培育和引进尚处于空白领域的农产品加工企业，实施了沙棘、奶酪、蒲公英、酒类等农产品加工项目，推动农产品加工企业与脱贫户建立稳定的产业带动关系，让贫困群众真正参与进来，有稳定的生产经营收入。全县农产品加工企业直接或间接带动 500 余户 1800 余名贫困人口户均增收 1 万余元。

3. 基础设施建设

计划投入资金 9696 万元，完成萨尔乔克乡扶贫就业市场场地硬化、新建民族刺绣扶贫车间 2 座、完成奶酪加工厂二期配套工程；修建柳条河流域石人子乡段防洪堤 1.885 千米、泄洪渠道 6.58 千米；完成苏吉沟水库除险加固工程、修建渠道 10.17 千米；提升改造建档立卡脱贫户所在行政村安全饮水工程；完成尖山子、头道河子、昌家庄子旅游基础设施配套工程。

4. 社会保障体系建设

一是加强健康医疗保障，全面落实医疗保障政策。整合财政涉农资金 177.69 万元，对符合条件的 7058 名脱贫人口购买了健康保险，对符合条件的 3653 名脱贫人口购买了养老保险。城乡居民基本医疗保险、大病保险、养老保险、“脱贫保”商业保险参保率均达到 100%。已完成脱贫户家庭医生签约服务费个人部分（每人 28 元）的缴纳工作，合计缴纳 19.66 万元，完善了《巴里坤县健康扶贫工程“三个一批”行动计划实施方案》，初步制定了《巴里坤县完善医疗救助制度全面开展重特大疾病医疗救助工作的实施意见》，全面落实医疗保障政策。二是加强社会救助保障体系。农村低保户 1492 户 2544 人，脱贫户中纳入低保 112 户 222 人。三是加强教育扶贫力度。全面完成贫困乡村中小学标准化和幼儿园建设，巩固提升免费教育成果，全面资助贫困家庭大学生就学，共资助脱贫家庭大中专生 241 人，其中 2018 年录取新生 63 人。

5. 金融扶贫建设

落实金融扶贫政策。计划投入资金 381.48 万元，实施金融扶贫贷款贴息项目，其中，对扶贫龙头企业及扶贫专业合作社金融扶贫贷款给予贴息

200 万元、对建档立卡脱贫户“两免一贴”金融扶贫贷款给予贴息 181.48 万元。截至调研开展时，新增到户金融扶贫贷款 42 户 89 万元，累计发放贷款 5095 万元，贷款户 1844 户。脱贫户贷款覆盖率为 97%，获得率为 100%，满足率为 100%。在扶贫小额信贷的支持下，建档立卡脱贫户发展畜牧养殖和畜产品深加工，解决了脱贫户发展资金问题，明显降低了脱贫户农业产品购销成本。利用景区资源和“互联网 +”电商模式销售产品，在金融扶贫与旅游扶贫的双向带动下，扶贫产业链逐步构建延伸，顺利建成扶贫长效机制。

三、巴里坤的精准扶贫经验

（一）整态化扶贫的巴里坤探索

精准扶贫即是对贫与困问题治理最高度概括的剖析，也是从宏观、中观、微观层面对中国发展，特别是贫困地区发展的一次精确问诊。“整态化”下的扶贫也是一种从社会治理角度出发的应对贫困的策略，兼顾宏观、中观、微观三个维度，即对于稀缺状态的“贫”有所帮扶，又对内生动力不足的“困”高效应对，并且还对贫、困两者之间的结合点进行治理干预，从而达到“整态化”脱贫的目标，即社会经济高效良性发展，各个社会组织及个体活力十足。

1. 组织引导精准扶贫内的要素有机互动

整态化扶贫是基于精准扶贫理论框架的一种创新，创新点在于扶贫工作之中的主体，即贫困群众和各级帮扶力量因素的调动。自 20 世纪 70 年代以来，随着对贫困问题的了解越来越深入，多维贫困的概念也由此被提出。贫困是收入、能力、权利、福利和主观感受等的综合体。如果将收入、能力、权利、福利和主观感受等方面的问题看作是贫困的症状，那么精准扶贫即是针对每个症状给出的组合治疗。我们通过经济的增长、社会资本的引入、文化的发展、生态的保护等方法都可以从一定程度上对贫困进行治理。精准扶贫理论即是对多维贫困的一种最为有效的治理方式，诸多“益贫式”经济增长方式已经在当地扎根。

为了巩固提升精准扶贫的效果，以及从理论层面对精准扶贫进行发展，巴里坤当地自觉地引导精准扶贫内的要素有机互动，其中以建坤牧业为龙头的几家企业不仅将自己的主营业务发展成完善的闭环，并且通过“植物园”“婚庆文化园”等业务移风易俗，转变观念落后的生产、生活方式；同时建坤牧业将厂区建在牧区上，最大程度地满足当地牧民群众的生活习惯，促进了民族团结。

2. 提升主体内生动力，激活精准扶贫格局潜能

精准扶贫内的要素的挖掘往往是呈现有限的线性变化规律的，是一种加减法的变化。而参与主体的内在活力的激发，经常能产生乘数效应。位于巴里坤湖边的一家深圳的公司利用最新的技术开展了海产品养殖，带动了当地村民的脱贫致富就是这种乘数效应的最好写照。贫困往往是由观念落后造成的，观念落后形成了贫困文化。贫困文化是拥有自己的结构和理性的社会亚文化。扶贫需要着眼于重构贫困人口的文化意识，着眼于提高贫困人口的科学文化素质、积极的价值观念及文明的生活方式，提高扶贫的内在生命动力。

转变思维方式。精准扶贫激活了贫困地区的经济发展潜力，更转变了贫困地区群众的思维方式。贫困地区的情况贫困地区的群众最清楚，这种转变思维方式的过程是授之以渔的过程。通过思维方式的转变，将贫困地区的存量思维激活成增量思维。例如，巴里坤当地的牧业产品的精加工，提升了产品附加值，创造了品牌。

转变经验方式。思维方式的转变打破了传统的经验困局。巴里坤湖内

有一种水生微生物，这种微生物是高级肥料。在巴里坤湖进行生态建设之前，过度的采捞已经使当地生态季极度恶化。通过扶贫的生态治理，贫困群众转变了之前的经验方式，自发地利用巴里坤湖的生态特点，发挥各自村位的比较优势，宜农则农，宜商则商。

转变组织方式。脱贫攻坚战在巴里坤县乃至全国能取得胜利，最重要的因素是党的领导和各级干部的落实。在一线的干部需要认真的态度、饱满的热情、专业的技能和百折不挠的韧性才能将扶贫做好做到位，这种高度的责任心需要对组织和人民有极大的热爱，这也是精准扶贫可以达到预期发展精准的根本保证。

（二）巴里坤县经验总结

贫困问题是伴随人类文明发展的难题之一，没有对贫困问题深刻的认识，就谈不上提出有效的对策。正因为贫困存在的客观性，扶贫和脱贫需上升到社会治理的层面才能达到有序和有效的水平。中国的贫困有着自己的特点，例如地域面积广，致贫原因复杂，这就导致了部分地区脱贫攻坚的难度非常大，成效亦不易巩固。由此，科学的贫困治理，即通过精准扶贫有序推进贫困地区的经济发展是对中国贫困进行深刻的研读后，进而提出的适合中国扶贫开发、推动经济社会发展的良方，是道路自信、理论自信、制度自信、文化自信的极大体现。巴里坤县委县政府在践行党中央政策的基础上，充分结合边疆特色，探索出了一条既扶贫又治困的“整态化”路径。

脱贫攻坚最首要的前提是加强党的领导。打赢脱贫攻坚战是一项复杂而艰巨的重大政治任务，必须牢牢把握加强党的全面领导、全过程体现党的领导这条主线，加强党对脱贫攻坚的领导，发挥党的政治优势、组织优势和密切联系群众的优势，发挥社会主义制度的优越性和集中力量办大事、组织动员能力强的优势，统一部署，统一行动，为脱贫攻坚提供坚强的政治保障。坚持县委总揽全局、协调各方、形成合力，发挥“一线指挥部”的作用，统筹整合各类资源，把优势资源向扶贫一线聚焦，把优秀干部向扶贫一线聚集，把优质服务向扶贫一线聚积，形成聚合效应，举全社会之力推进脱贫攻坚。突出党建引领，全面深化和拓展县乡村三级联动的领导体制和上下贯通的工作机制，发挥乡镇党委领导的核心作用、村党组织的战斗堡垒作用、村第一书记和驻村干部的帮带作用以及共产党员的先锋模范作用，把党的力量挺在脱贫攻坚最前沿，形成各级书记抓扶贫、全党动员促攻坚的生动局面。

脱贫攻坚最基础的工作是精准识别。精准识别就是解决“扶持谁”的问题，必须坚持把精准识别贫困人口作为精准施策、实现扶真贫真扶贫的前提和基础。坚持公开、公平、公正原则，“应进则进，应出尽出，应纠则纠”，注重群众参与，严格标准、规范操作、把好关口，在抓实做好对贫困对象的初始识别、同步建立贫困对象“一户一档”的基础上，反复开展精准识别“回头看”，对贫困对象逐村逐户逐人“过筛子”，反复甄别核查、纠正信息，动态识别、动态调整，摸清搞准底数，确保识别对象“准”、查出致贫原因“清”、分析脱贫需求“实”，避免贫困户“被退出”、防止富裕户“戴穷帽”，为精准施策、应扶尽扶奠定基础。

脱贫攻坚最关键的工作是精准施策。精准扶贫脱贫的根本是找准“病根”，方法是靶向治疗，只有开对“药方子”，才能拔掉“穷根子”。精准施策，解决好“怎么扶”的问题，必须坚持因地制宜、分类施策、因户因人施策、因贫困原因施策，根据贫困地区和贫困人口的具体情况，精准聚焦有资源有劳动能力但没有致富门路的“两有户”、无力脱贫无业可扶的“两无户”、缺生产资料缺技术资金的“两缺户”，精准聚焦低收入群体，探索符合实际的、多渠道、多元化的精准扶贫新路径，深入推进“七个一批”“三个加度”，确保真正帮到点子上、扶到关键处，做到政策落实“真脱贫”，实现持续稳定增收和基本生活保障。

*脱贫攻坚最需要的作风是责任担当。*强有力的责任担当和心系群众、服务群众、求真务实、真抓实干的优良作风是打赢脱贫攻坚战的重要保证。必须始终坚持把脱贫攻坚作为重大政治任务和政治责任，以对党对人民对历史负责的态度，义不容辞地扛起这份政治责任。坚持党政同责、一岗双责、齐抓共管，党委政府主要领导带头履行政治责任，班子成员一岗双责，各级领导干部各负其责，辖区企业积极履行社会责任，驻村干部认真履行帮带责任，层层签订责任书、立下军令状，举全县之力向贫困发起总攻。县乡两级党政主要领导履行主体责任，在脱贫攻坚中亲力亲为、发挥表率作用，驰而不息地指导扶贫、部署扶贫、督战扶贫，做到守土有责、守土负责、守土尽责；市、县、乡三级党员干部全覆盖包联帮扶贫困村、结对帮扶贫困户，强化责任担当、实干劲头和为民情怀，用心用情用力，做到心中有责、齐心尽责、包村履责、帮扶负责、驻村担责；深化中央、自治区、市、县部门对口帮扶和援疆扶贫、兵地企地融合共建工作，实现社会帮扶资源和精准扶贫有效衔接，集中实施基础设施建设、民生改善等扶贫项目，为脱贫攻坚增添动力。

*脱贫攻坚最直接的途径是就业创业。*必须始终坚持将稳定就业作为贫困群众实现脱贫最直接、最快捷的手段和渠道，坚持以转移就业为重点，按照“培训一人、输出一人、脱贫一户”的思路，聚焦“每一个贫困户至少一人就业”的目标，注重实用技能和创业就业培训，全面提升贫困劳动力转移就业能力；积极创新贫困劳动力稳定转移就业奖励机制和政策，通过充分挖掘贫困村劳动力转移就业潜力、公益性岗位兜底安置、激励引导农村贫困户劳动力创业脱贫、鼓励县域扶贫龙头企业和专业合作社吸纳就业和开发扶贫就业岗位以及创办不同类型的扶贫就业创

业市场等举措，强化就业宣传引导，搭建劳务经济服务平台，确保实现“一人就业、全家脱贫”。

脱贫攻坚最持久的支撑是产业发展。必须始终坚持把产业扶贫作为实现贫困农牧民脱贫不返贫、持续稳定增收致富的最持久、最有效的脱贫举措，突出产业扶贫，立足县域产业基础和资源禀赋，推行“一村一品或多品”“一户一业或多业”的产业扶贫模式，努力培育形成群众参与度高、带动力强、劳动密集型的特色优势产业；并积极探索完善公司（合作社）+基地+农户的发展模式，引导贫困群众与龙头企业、专业合作社建立紧密型利益联结关系，使绝大多数贫困家庭有一份持续稳定的分红收入，使贫困群众在发展生产中实现持续稳定增收。

脱贫攻坚最重要的工作是夯实基础。完善生产设施和公共服务基础设施，夯实基层组织基础，是提升脱贫攻坚支撑力、战斗力的关键。结合贫困村实际，按照缺什么补什么的原则，着力增强贫困村自我发展能力，补齐基础设施和公共服务短板，整合社会资源力量，在突出抓好“住房、医疗、义务教育”三项保障工作的同时，全面解决生产、出行、饮水、用电、环境卫生、通信和村集体经济发展等方面的问题，建强贫困村基层党组织，完善以村委会为中心、集科教文卫体于一身的公共综合服务平台的功能，多角度、多渠道夯实脱贫攻坚基础。

脱贫攻坚最基本的要求是真实可靠。习近平总书记指出，扶贫工作必须务实，脱贫过程必须扎实，脱贫结果必须真实。必须始终坚持实事求是的原则，围绕取得实实在在的成效这个核心，坚持做到领导工作实、职责任务实、资金保障实、督查验收实、项目落地实、脱贫举措实、整改问题实，严格落实“民主评议、核实认可、公示核查、群众参与、全程透明”的贫困退出要求，坚决杜绝出现算账脱贫、突击脱贫、数字脱贫、虚假脱贫等问题，对不严不实、弄虚作假的事和人进行严肃问责追责，解决不清、不实、不准等问题，确保脱贫攻坚每个环节的工作和成效都真实可靠，真正获得群众认可、社会认同、政府认定。

脱贫攻坚最有效的保障是健全机制。打赢脱贫攻坚战，必须按照中央统筹、省负总责、市县抓落实的管理机制和“工作到村、扶贫到户”的工作机制，建立协调有序、高效运转、联动有力、确保落实的保障机制。深谋划细部署，坚持精准扶贫、精准脱贫的基本方略，围绕精准扶贫精准脱贫“六个精准”“五个一批”的基本要求与主要途径，完善“十大专项行动”“九项工作机制”为主的精准扶贫机制，全面打好脱贫攻坚“组合拳”，确保脱贫攻坚扎实推进、取得实效；明权责聚合力，完善“党政同责主抓、干部同力主帮、社会同管主扶、群众同心主推及县领导包乡、乡领导包村、部门领导包户、党员干部包人”的“四主四包”联动推进机制，落实各级党政机关、部门和党员领导干部联乡包村帮户制度，强化市县领导、市县部门、村（社区）第一书记、企业和合作社、党员干部、驻村工作队“六位一体”定点帮扶机制，形成全社会纵向联动、横向协同、齐抓共管、合力攻坚的良好局面；强宣传造氛围，完善扶贫宣传工作机制，对党员干部持续动员鼓劲，在社会层面依托各类媒介，丰富文体活动，广泛宣传脱贫攻坚政策和先进典型，凝聚起打赢脱贫攻坚的思想共识和强大正能量；严考核树导向，完善脱贫攻坚督查考核工作机制，实行“周例会、月推进会、季问责问效、年度考评”制度，建立以扶贫为导向的考核机制，确保脱贫攻坚的质量和成效；守底线严把关，完善跟踪审计工作机制，发挥精准脱贫审计“助推器”的作用，开展扶贫政策和资金项目专项审计，重点关注扶贫资金的政策落实、扶贫资金的规范管理、扶贫资金的安全维护、扶贫资金的绩效提升，保障脱贫攻坚目标如期实现；坚持以人为本，聚焦特殊的弱势群体，健全完善教育救助、医疗救助、灾害救助和兜底救助、困难救助的“3+X”防止返贫长效机制，有效防止因病、因灾等致贫返贫问题。

脱贫攻坚最核心的工作是精神脱贫。“志智双扶”是打赢脱贫攻坚战的根本之策，打赢脱贫攻坚战、实现全面小康，“精神脱贫”是核心关键。牢牢抓住“精神脱贫”这个关键，发挥群众主体作用，激发贫困群众自我发展的内生动力，坚持扶贫与扶志相结合，从思想上、观念上、信心上帮扶，通过强化舆论引导、丰富文化助力、选树典型激励、干部帮扶宣讲，广泛开展“脱贫攻坚·我在行动”“我脱贫我光荣”等“精神脱贫”系列活动，着力拔除“等靠要”的“穷根”，树立“勤劳致富为荣，比穷比困为耻”的荣辱观，以积极向上、奋发有为、自力更生、勤劳致富的精神力量来“对症下药”，治愈“精神顽疾”；坚持扶贫与扶智相结合，从扶知识、扶技术、扶思路入手，通过推进教育扶贫、开展职业培训、帮扶致富思路，推动扶贫方式从“输血式”扶贫向“造血式”扶贫的转变，从根本上阻断贫困代际传递。

脱贫攻坚最艰巨的任务是巩固提升。脱贫“摘帽”只是“万里长征走完了第一步”，巩固提升脱贫攻坚成果的任务将比集中攻坚更加艰巨和繁重。脱贫工作越是往后，啃硬骨头的难度越大，必须处理好当前与长远、生活与生计的关系，坚持久久为功、持续用力，坚决打赢这场攻坚战、持久战。始终坚持以习近平新时代中国特色社会主义思想为指导，深入学习贯彻党的十九大精神，深入学习贯彻习近平总书记关于精准扶贫脱贫的重要讲话精神，始终把“精、准、严、实、细”要求贯穿脱贫攻坚全过程各方面，坚持摘帽不摘责任、摘帽不摘政策、摘帽不摘帮扶、摘帽不摘监管，坚持政策不变、队伍不散、机构不撤、力度不减，坚持全面建成小康社会的更高目标，持续用心用情用力，明确细化工作目标、强化各项扶贫措施，用足用好各类扶贫资金，巩固提升脱贫攻坚成果，做到政策更加完善、机制更加健全、措施更加有力、帮扶更加全面、群众更加主动、成效更加明显，真正实现全面脱贫、稳定脱贫、长期脱贫。

脱贫攻坚最根本的目标是“人民至上”，全面脱贫或稳定脱贫。脱贫不是单一的收入脱贫或物质脱贫，而是把人民群众对美好生活的追求和向往作为根本的出发点和落脚点，不断满足人民群众日益增长的对美好生活的需要，进而实现全面脱贫、稳定脱贫，同步进入小康社会。必须始终围绕“稳定实现现行标准下农村贫困人口不愁吃、不愁穿，义务教育、基本医疗和住房安全有保障，县域和贫困村农牧民人均收入增幅高于全国水平，县域及贫困村基本公共服务主要领域指标接近全国水平”的“两不愁、三保障、一高于、一接近”总体目标，不断创新完善精准扶贫脱贫举措，推动实现更高质量的脱贫成效和更高水平的美好生活。只有瞄准目标、盯住目标，久久为功、持续用力，突出重点、综合发力，才能实现稳定脱贫、全面脱贫，确保到2020年与全国同步进入小康社会。

（三）乡村振兴展望

优先发展农业农村，全面推进乡村振兴。坚持把解决好“三农”问题作为全党工作重中之重，走中国特色社会主义乡村振兴道路，全面实施乡村振兴战略，强化以工补农、以城带乡，推动形成工农互促、城乡互补、协调发展、共同繁荣的新型工农城乡关系，加快农业农村现代化。要保障国家粮食安全，提高农业质量效益和竞争力，实施乡村建设行动，深化农村改革，实现巩固拓展脱贫攻坚成果同乡村振兴有效衔接。

——中国共产党第十九届中央委员会第五次全体会议公报（2020年10月29日）

脱贫不是终点，以“人民至上”为宗旨的发展理念没有终点。巴里坤县在完成集中攻坚、精准扶贫精准脱贫任务的基础上，坚持稳字当头，坚持脱贫“不摘责任、不摘政策、不摘帮扶、不摘监管”，“各级扶贫开发领导小组不变、各级扶贫开发领导小组办公室机构不变、五级书记一起抓不变、‘双组长’责任制不变、党委主体责任和纪委监委监督责任不变、有脱贫攻坚任务的地县乡班子稳定不变、村第一书记和驻村工作队帮扶机制不变、各级帮扶力量和帮扶关系不变”。坚持问题导向、目标导向、结果导向，保持脱贫攻坚政策总体稳定，保持投入力度不减，保持扶贫队伍稳定，保持全社会帮扶不变，坚持以巩固成效、提升质量为主线，以激发内生动力为着眼点，以产业带动、就业带动、自主创业拓宽农牧民增收渠道为路径，以不同类型贫困人口和低收入群体为重点，以加快补齐精神贫困短板为关键，以健全长效工作机制为保障，进一步夯实生产发展基础、公共设施基础、基层组织基础，全面巩固脱贫攻坚成果，推动实现思想脱贫、稳定脱贫、全面脱贫。

产业振兴有希望。2020 年，县域生产总值是“十二五”末的 1.7 倍，年均增长 11.2%，其中一产 10.3 亿元，二产 48.45 亿元，三产 23.75 亿元，且三次产业结构更加合理。一般公共预算收入 6.09 亿元，是“十二五”末的 1.6 倍。累计完成固定资产投资 176.69 亿元。社会消费品零售总额 7.7 亿元，是“十二五”末的 1.24 倍。城镇居民人均可支配收入 32805 元，是“十二五”末的 1.36 倍；农村居民人均可支配收入 15724 元，是“十二五”末的 1.47 倍。

民生文化有保障。城乡融合发展机制逐步健全，城乡基础设施和公共服务体系不断完善。汉城东西街、团结东西路、新市南北路等城市主干道完成改扩建，新增城市道路 5 千米、停车场 10 个。天山路沿线、北门观景台等一批风景怡人、功能多样的小游园、微绿地、健身场所相继建成。

县城绿化覆盖率达 35.1%、燃气普及率达 100%、污水处理率达 96.3%、生活垃圾处理率达 98.3%，分别较“十二五”末提高 10.6%、9.6%、21.1%、15.3%。奎苏、三塘湖、大河等重点镇、特色镇建设扎实推进，全县城镇化率达 48.5%，较“十二五”末提高 5 个百分点。“千村示范、万村整治”工程深入实施，农村人居环境整治三年行动顺利通过自治区验收，乡村面貌焕然一新。

组织建设有方向。坚持把党的领导贯穿政府工作始终，把政府系统党的政治建设摆在首要位置，使组织继续在乡村振兴中发挥核心作用。巩固深化“两学一做”学习教育、“不忘初心、牢记使命”主题教育成果，持续强化理论武装，党员干部思想觉悟、能力水平明显提升。大力推进法治政府建设，扎实开展“七五”普法工作，依法行政能力和水平不断提高。自觉接受人大依法监督和政协民主监督。落实基层减负措施。坚持不懈落实中央八项规定精神及其实施细则，坚决纠正“四风”“四气”，政风行风明显改观；持续深化扶贫领域腐败和作风问题专项治理，财政监管、审计监督联合发力，预防和惩治腐败取得新成效。国防教育、统计、气象、供销、红十字会等工作持续加强。